T0283291

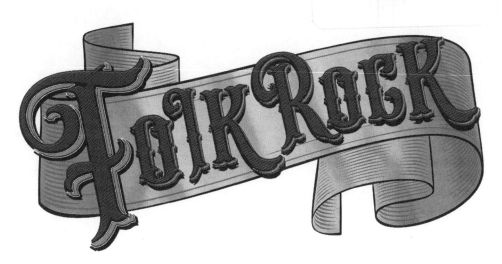

FOLK ROCK

EDUARDO IZQUIERDO   ELOY PÉREZ LADAGA

MA
NON
TROPPO

© 2022, Eduardo Izquierdo / Eloy Pérez Ladaga

© 2022, Redbook Ediciones, s. l., Barcelona

Diseño de cubierta: Dani Domínguez

Diseño de interior: Regina Richling

Fotografías: Wikimedia Commons / Archivo APG

ISBN: 978-84-18703-45-4

Depósito legal: B-19.656-2022

Impreso por: Reprográficas Malpe – Pol. Ind. Los Olivos Calle de la Calidad, 34, Bloque 2 Nave 7 28906 Getafe, Madrid

Impreso en España - *Printed in Spain*

Todas las imágenes son © de sus respectivos propietarios y se han incluido a modo de complemento para ilustrar el contenido del texto y/o situarlo en su contexto histórico o artístico. Aunque se ha realizado un trabajo exhaustivo para obtener el permiso de cada autor antes de su publicación, el editor quiere pedir disculpas en el caso de que no se hubiera obtenido alguna fuente y se compromete a corregir cualquier omisión en futuras ediciones.

«Cualquier forma de reproducción, distribución, comunicación pública o transformación de esta obra solo puede ser realizada con la autorización de sus titulares, salvo excepción prevista por la ley. Diríjase a CEDRO (Centro Español de Derechos Reprográficos, www.cedro.org) si necesita fotocopiar o escanear algún fragmento de esta obra.»

Índice

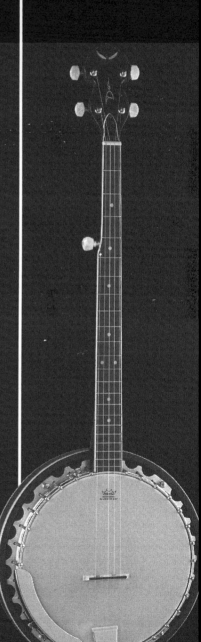

¿Qué es el folk rock?

A la pregunta que pretendemos contestar, titulando y sirviendo de introducción a este libro, debería anteponerse otra más genérica: ¿qué es el folk? O matizando, mejor ¿qué es la música folk? Pasemos pues antes que nada por la biblioteca, ese extraño sitio en el que uno se documentaba antes de que el señor Google y la señora Wikipedia contrajeran nupcias, y rastreemos etimológicamente el término.

Contrariamente a lo que se pueda pensar, el término folk aplicado a la música y la danza es una expresión relativamente reciente. Una derivación de la palabra folclore, acuñada en el año 1846 por un señor inglés, William Thoms, anticuario de profesión para definir «las tradiciones, costumbres y supersticiones de las clases incultas». Es decir, todo aquello que entretenía, atemorizaba o simplemente formaba parte del día a día del vulgo, en contraste con el exquisito empleo del tiempo por parte de la burguesía, la aristocracia y toda clase de zánganos en general. Por lo cual y por extensión, la verdadera música folk estaría, en palabras del musicólogo Charles Seeger (padre de una histórica estirpe de intérpretes, como veremos) «asociada a la clase baja» en aquellas sociedades cultural y socialmente estratificadas.

Pero la palabreja de Mr. Thoms no surgió por azar, sino que deriva del vocablo alemán volk, significando algo muy parecido a «el pueblo como un todo» y que ya había sido aplicado a la música popular –más de medio siglo antes– por Johann Gottfried Herder y toda aquella pandilla de románticos alemanes. De ahí podríamos colegir que la música folk es la música de la gente y ya podríamos salir de la biblioteca e irnos al bar. Pero al parecer ciertos autores no acaban de estar de acuerdo, considerándolo una definición poco precisa o, cuanto menos, incompleta.

En términos puramente musicales, la música folk puede entenderse mejor como aquella compuesta por canciones antiguas y cuya autoría se desconoce. Una música que, además, ha sido reiteradamente sometida a un proceso evolutivo de transmisión oral, a través del cual se ha ido remodelando y reformulando con el paso del tiempo. Una tradición oral producto de la obligada memorización en unos tiempos en los que, en las clases populares, lo de leer y escribir no se llevaba mucho.

En cualquier caso, toda esa cultura musical desde tiempos inmemoriales, sin compositores conocidos ni copyright, conoció un primer cambio a partir del siglo XIX (aunque, pese a conocerse los autores, siguieron considerándose tradicionales a efectos de derechos) y muy especialmente desde las primeras décadas del XX.

En el imaginario popular, la figura del cantante de folk más o menos contemporáneo no deja de ser una actualización del pícaro y vagabundo trovador medieval, cambiando las calzas y la capa por unos vaqueros raídos y un jersey de lana lavado con insuficiente frecuencia. Un individuo (o señorita) de ciertas reminiscencias hippies y/o beatniks, sempiternamente aferrado a una guitarra, tanto dando voz a las melodías de los abuelos como protestando por cualquier causa injusta en este mundo cruel y despiadado. Gente mal peinada y no mucho mejor vestida, de goliardas costumbres, pero de aspecto mayormente inofensivo. Un poco como el cura progre de la parroquia, pero con ración doble de comunismo y con una mayor afición, en general, al bebercio y los estupefacientes.

Pero más allá de esta imagen más o menos distorsionada y caricaturesca, cabría entrar en materia sobre la primera pregunta. Aclaremos de entrada que ya desde el siglo pasado, la música folk en la cultura latina y en diversas latitudes europeas se ha mantenida relativamente autóctona, aun aceptando puntuales influencias, pero que sería a partir de los años sesenta cuando, en el mundo anglosajón, (esto es, Reino Unido, Irlanda y Estados Unidos), surgiría un hermanamiento entre el folk tradicional y aquella música de nuevo cuño, nacida a mediados de la década anterior, y que respondía por rock'n'roll. Electrificando sus instrumentos y adaptando ciertos esquemas musicales, el folk rock había nacido como género musical. Algunos sitúan el kilómetro cero en el famoso incidente de Newport, con Bob Dylan puteando a miles de folkies desprevenidos al enchufar su guitarra, pero como cualquier género musical, el folk rock nació de una evolución hasta cierto punto progresiva y lógica. El folk y el rock provenían de tradiciones similares y no tenía mucho sentido que convivieran dándose la espalda. Y no hay mucho más que contar, tampoco. Las escenas y el contexto se desarrollan en subapartados posteriores. Sin ánimo de tesis doctoral, pero sí intentando determinar –de forma clara y sucinta– los antecedentes, el nacimiento y el desarrollo del folk rock como un género con carácter e historia propios. Con cientos de artistas de renombre en su seno y con una trayectoria que, pese a sus altibajos, ha llegado a nuestros días en un estado de salud que para sí quisieran otros.

Y será de esos artistas y de esas bandas, que nos ocuparemos en las páginas que siguen. Hemos reservado un espacio a aquellos artistas españoles y sudamericanos que de un modo u otro pudieran encajar (dentro del estilo o como precursores de él), pero el grueso del volumen se divide entre las Islas Británicas y sus antiguas colonias al otro lado del charco.

Porque el folk rock, repetimos, es un fenómeno musical eminentemente anglosajón. Por ello –y también por cuestión de espacio, limitado– encontrarán ustedes ausencias que les pueden resultar chocantes en primera instancia. ¿Un libro de folk en el que no aparecen Gogol Bordello, Clannad, Gwendal o Mago de Oz, por ejemplo? No les faltará razón, pero como autores siempre podemos defendernos argumentando, por orden, que Gogol Bordello son demasiado zíngaros, Clannad demasiado célticos, Gwendal demasiado bretones y Mago de Oz demasiado espantosos. En cualquier caso, no queremos convertir este prólogo en un pliego de descargo, sino explicar qué criterios básicos hemos seguido para incluir a los artistas y escenas que aparecen en el libro, y por qué –en diversas ocasiones y con todo el dolor de nuestro corazón– hemos tenido que dejar otros tantos fuera de objetivo.

Creemos –nosotros y nuestros editores, Dios les bendiga– que el folk rock es un género absolutamente vivo, inquieto, ecléctico y, lo más importante, en el que militan cientos de artistas interesantes. Esto en pleno 2022, hablamos. Pretéritamente, no hace falta ni decirlo. La música de raíces sigue estando de moda, es un hecho. Al menos entre aquella parte del público que no ha sido infectada por el auto–tune, el abuso de los subgraves, los ritmillos mongoloides y en general por todo este actual y cochambroso alud de podredumbre musical recitada con voz de pitufo gangoso.

Esa parte de público que, por nacimiento o por experiencia, conserva el buen gusto no solo intacto sino bien y adecuadamente desarrollado, sigue apreciando la música de calidad. La música hecha con las entrañas y el corazón. La música que despierta emociones nobles y que te hace mejor persona. O, por lo menos, no te hace peor, que visto el panorama ya es mucho.

Esa parte de público es la que, esperamos, encuentre en esta guía tanto el recordatorio de aquellos músicos que ya gusta y disfruta, como la posibilidad de descubrir a otros tantos.

Esa ha sido, básicamente, nuestra intención.

Los precursores del folk rock

Como todo género musical, el folk rock tiene unos pioneros, unos precursores. Unos padres fundadores, por emplear terminología místico–nacio-
nalista. Pero… ¿eran conscientes de ello? ¿Sabían, en aquel momento, que
estaban cavando los cimientos de un género que llegaría a ser tan popular e influyente? Muy posiblemente, no. Básicamente porque cuando ellos
andaban a lo suyo, recogiendo el testimonio de toda aquella música que
llevaba siglos pasando de generación en generación, de un continente a
otro, y reinterpretándolo a su manera, el rock como tal ni estaba ni se le esperaba. Pero antes de Berry, Presley, Haley, Little Richard y demás parente-
la, la primera mitad del siglo XX en Estados Unidos vio surgir una serie de
artistas que formarían parte importantísima en las influencias esgrimidas
por aquellos que, durante los sesenta, darían forma definitiva al género del
que –humildemente– queremos ocuparnos en este libro.

No está de más recordar algo que, no por sabido, a veces se olvida o
se obvia. Y es que, durante el primer tercio del siglo XX, la frontera entre
géneros era poco más que inexistente. La fusión de culturas y estilos musicales –principalmente del blues, el folk y el country– lleva muchas veces
a la imposibilidad de catalogar a muchos artistas en unas cubetas que,
simplemente, no existen. Con el auge de la industria discográfica durante
los años veinte y principios de los treinta, aquella «old–time music» de
porche y taberna, de congregación y campo de trabajo, quedaba por primera vez registrada en pizarra. Y también con ello, igualmente, se descu-
brieron primero, e imbricaron después, dos mundos que hasta entonces
–en lo musical– habían vivido uno a espaldas del otro: el entorno urbano y
las zonas rurales. En ese sentido, los registros de canciones tradicionales
llevados a cabo por la Carter Family resultan absolutamente reveladores.
Por su parte, las grabaciones de intérpretes de blues como Leadbelly y
Charley Patton, o los clásicos country de Jimmie Rodgers, acabaron por

ser buena parte del espejo en que posteriormente se miraría la camarilla de Greenwich Village y demás sospechosos.

En el periodo de posguerra y durante los años cincuenta, algunos ya conviviendo con la recién creada música del diablo, surgirían a su vez otros artistas que incluir igualmente entre los pioneros del folk rock: los Almanac Singers con Woody Guthrie y Pete Seeger al frente, los Weavers del segundo tras la disolución de los Almanac, The Limeliters, The Brothers Four, The Song Swappers o los popularísimos The Kingston Trio son todos ellos nombres fundamentales no solo en el devenir del género, sino en la historia de la música popular en general. Porque, aunque estaríamos obviamente teorizando y trazando hipótesis, no sería descabellado pensar que sin estos precedentes, sin estas referencias, el folk nunca hubiera evolucionado. O al menos no lo hubiera hecho del modo en que lo hizo.

Barbara Dane|Bessie Smith en estéreo
Detroit (Michigan), 1927

La carrera de Barbara Dane empieza cuando se muda a San Francisco en 1949, y decide cantar folk y jazz. Este último, especialmente, vivía un renacimiento en la ciudad del Golden Gate, y a ella le fue de lujo. Así que se hizo un nombre en el circuito jazz y llegó a aparecer en televisión incluso con Louis Armstrong. Aunque a ella lo que le gustaba era el folk, y en especial la canción protesta. Su activismo político es indiscutible, y se convirtió en la primera mujer en hacer una gira por Cuba tras la revolución. En su discurso contra la guerra del Vietnam puede leerse que «yo era demasiado terca para contratar a gerentes codiciosos, probablemente porque soy una mujer a la que le gusta hablar por sí misma. Siempre he hecho mis propios tratos y contratos, y después de averiguar las tarifas, yo era libre de elegir cuando y donde trabajaba, era capaz de pasar mucho más tiempo con mis tres hijos y haciendo trabajo político, e incluso traía a casa más dinero al final, por no ir a por el «bigtime». Hice algunos discos realmente agradables, porque era capaz de elegir y trabajar con músicos maravillosamente talentosos». En 1970 funda la discográfica Paredon Records, especializada en canción protesta, y que luego sería absorbida por Smithson–Folkways. Bob Dylan aseguró de ella en el Broadside Magazine que «el mundo necesita más gente como Barbara, alguien que esté dispuesto a seguir su conciencia. Ella es, si el término debe ser utilizado, una heroína» .

Elizabeth Cotten|De otro tiempo y otro lugar
Chapel Hill (Carolina d. Norte), 1893–1987

Auténtica precursora del género, no hay duda de que Elizabeth Cotten fue una mujer adelantada a su tiempo. Como si viniera de otro momento de la Historia, su legado fue enorme, en un momento en el que las mujeres no lo tenían precisamente fácil para ser artistas. Siendo la pequeña de una familia con cinco hermanos, con diecisiete años se casa, adquiriendo el apellido de su marido, Frank Cotten, y de paso dando forma a su nombre artístico. Su destreza con la guitarra fue rápidamente reconocida y llegó a crear incluso un estilo que se sigue conociendo como «Cotten picking» . El destino quiso que acabara trabajando de niñera de la musicóloga estadounidense, colaboradora de Alan Lomax, Ruth Crawford Seeger, madrastra de Pete Seeger. Eso ayudaría a que su música fuera más conocida. Especialmente «Freight Train», canción que compuso con apenas once años y que acabarían versionando Bob Dylan, Jerry Garcia, Joan Baez o Devendra Banhart entre muchos otros. Cotton se retiraría a finales de los sesenta, década en la que llegó a compartir escenario con gente como John Lee Hooker o Muddy Waters, aunque haría alguna aparición esporádica también en la década siguiente. En los ochenta se dedicó a realizar alguna grabación puntual hasta que falleció en su casa de Siracusa el 29 de junio de 1987.

Lead Belly|Reconocimiento tardío a un genio

Mooringsport (Luisiana), 1888–1949

La influencia seminal de Huddie William Ledbetter «Lead Belly» en la música folk puede ser, como mínimo, tan grande como la de Woody Guthrie o Pete Seeger. Pero Lead Belly era negro y, además, tenía tendencia a meterse en líos, cosa que le llevó a encontrarse al otro lado de las rejas en más de una ocasión en su vida. Así que su reconocimiento llegó tarde. Tanto que ya había fallecido cuando su nombre empezó a ser reivindicado por gente como Bob Dylan, Phil Ochs o Joan Báez. De hecho, seis meses después de su muerte obtuvo su primer gran éxito en su país con «Goodnight Irene» que vendió la friolera de dos millones de copias. Algo que él ya no pudo disfrutar. Encarcelado, como decíamos, en varias ocasiones, (incluso por asesinato) a menudo vio sus penas conmutadas o reducidas gracias a su música, convenciendo a las autoridades que esta era una forma de redención; pero como buena cabra, volvía al monte. Esas entradas y salidas de la cárcel definieron su estilo, melancólico, al lado de la parte más baja de la sociedad, pero también marcado por la esperanza de un mundo mejor. Compartió escenario con Seeger y Guthrie, pero también

con Sonny Terry o Big Bill Broonzy, que lo consideraban un maestro en el arte de hacer canciones. Porque a pesar de ser un muy buen guitarrista y excelente armonicista, era en sus letras donde estaba su gran valor. Lástima que tuvo que ver su éxito, con película dedicada a su figura en 1976 incluida, desde bajo tierra.

Odetta|La gran dama de ébano
Birmingham (Alabama), 1930–2008

Dos grandes figuras podrían luchar por el hipotético trono de reina del folk en los sesenta. Por un lado estaría Joan Báez, y por el otro Odetta Holmes. Ésta, además, contaba con el hándicap de ser afroamericana en una música considerada «de blancos» , pero que no estaba por ideología tan lejos del blues que se le presupone a sus ancestros. Nacida en pleno sur de los Estados Unidos, con siete años se trasladó a Los Ángeles, donde inició estudios de música enfocados a la ópera. En 1950 se traslada a San Francisco, y allí se verá sorprendida por la incipiente escena folk de la ciudad, así que decide aprender a tocar la guitarra y empieza a cantar espirituales. Su estilo vocal, afianzado por su formación clásica, rápidamente llama la atención, y más cuando se traslada a Nueva York, donde conocerá a Pete Seeger y Harry Belafonte, que no solo la apadrinarán, sino que la aconsejarán para moverse en la Gran Manzana siendo mujer y negra en los años cincuenta. Su primer disco, *Odetta Sings Ballads And Blues* se publica en 1956, y a ese le sigue *At The Gate Of Horn* en 1957. Su repercusión la lleva a tocar hasta en cuatro ocasiones en el mítico Festival de Folk de Newport entre 1969 y 1965, algo inaudito. Pronto, el contenido político de sus letras la llevó a convertirse en cabeza visible del movimiento por los derechos civiles y, entre otras cosas, a cantar en la marcha sobre Washington, liderada por Martin Luther King

Jr. en 1963. Cuando el folk protesta perdió interés para el público, Odetta cayó en un semi olvido, aunque siguió actuando. En 1999 se le otorgó la Medalla Nacional de las Artes y en 2003 fue nombrada Leyenda Viviente por la Biblioteca del Congreso de Estados Unidos. Bob Dylan escribiría en su autobiografía *Crónicas Volumen 1* (2004) que «buscaba discos folk, y el primero que vi fue uno de Odetta, del sello Tradition. Entré en la cabina para escucharlo. Odetta era fabulosa. No había oído hablar de ella hasta entonces. Era una cantante de voz profunda que tocaba la guitarra con un rasgueo potente y ligados ascendentes. Me aprendí casi todas las canciones del disco allí mismo, los ligados y todo» .

Pete Seeger|Con el puño siempre en alto
Nueva York, 1919–2014

Hablar de Pete Seeger es hablar de una de las figuras capitales del folk del siglo XX. Del folk, además, más comprometido con las causas sociales, el activismo pacifista y la defensa de los derechos humanos. Un posicionamiento esgrimido desde muy joven, primero en las filas de los Almanac Singers y The Weavers, y que le granjeó no pocas zancadillas y palos en las ruedas por parte de las autoridades norteamericanas, siempre temerosas de los demonios comunistas que pretenden dinamitar el país de la libertad, la justicia y las casas de caramelo. Valga como ejemplo la persecución política que sufrió por parte del Comité de Asuntos Antiamericanos en 1951, que le regaló doce meses en la trena y año y medio de censura absoluta para toda su obra.

No se arredró Seeger, que seguiría adelante inasequible al desaliento, grabando y girando hasta ver su carrera relanzada en la década de los sesenta, donde no le faltaron temas (desde el Movimiento por los Derechos Civiles hasta la guerra de Vietnam) sobre los que alzar su voz.

Cuenta la leyenda que, mientras Dylan se electrificaba en el Festival de New-

port de 1965, Seeger cogió un hacha y cortó el sonido. Pero, aunque fuera cierto, lo justo es reconocerle por cientos de otros motivos mucho más nobles: porque Seeger rescató canciones del bando republicano en la Guerra Civil española, contribuyó en innumerables actos del movimiento ecologista, cantó para Obama y en las manifestaciones de Ocupa Wall Street, apareció hasta en Barrio Sésamo y consiguió que el propio Bruce Springsteen regrabara parte de su cancionero en *We Shall Overcome: The Seeger Sessions* (2006), entre incontables logros más. Todo ello sin contar las docenas de temas que nos dejó, convertidos en clásicos desde hace décadas, ya fueran originales o versiones, desde la inefable «We Shall Not Be Moved» hasta ese «Turn! Turn! Turn!» que popularizaron los Byrds en 1965.

Ramblin Jack Elliot El rey del flatpicking

Brooklyn (Nueva York), 1932

Aclaremos primero qué es eso del *flatpicking*. La cosa es sencilla. No es más que tocar la guitarra acústica con púa. Puestos a empezar de manera extraña esta ficha vamos a parafrasearnos a uno de nosotros mismos en un artículo publicado en *Cuadernos Efe Eme* en el que Eduardo Izquierdo firmaba que «fue uno de los grandes maestros del primer Dylan tanto en la técnica con las seis cuerdas como en la forma de cantar, totalmente nasal como la del propio Bob. Nacido en Nueva York, y a pesar de pertenecer a una familia judía, su objetivo era convertirse en un vaquero, en buena parte influido por los rodeos que había visto en el Madison Square Garden siendo joven» . Probablemente con eso está resumida buena parte de la vida de Ramblin Jack. Un tipo que se escapó de su casa con quince años para unirse a un rodeo, conocer así a Brahmer Rogers, primer payaso vaquero cantante, y decidir entonces dedicarse él a la música. Empieza tocando en la calle, conoce a Woody Guthrie y aprende todo lo que puede de él. Aunque tuvo que irse a Reino Unido para volver a su país como una estrella. Bob Dylan no deja de citarlo en *Crónicas Volume 1*, como una de sus grandes influencias, y quizá por eso lo llamó para formar parte de su mítica Rolling Thunder Revue. Es, sin duda, uno de los nombres del Olimpo del folk.

The Almanac Singers | Canciones para los desheredados

Nueva York, 1940–1943

Apenas dos años y unas pocas docenas de canciones les bastaron a Lee Hays, Millard Lampell, Pete Seeger y Woody Guthrie para crear una leyenda cuyo eco perduraría durante años, hasta que en los sesenta otros recogieran el testigo. Pasando de dúo (Seeger y Hays) a trío con la inclusión de Lampell hasta su formación definitiva como cuarteto, su presencia en todo tipo de actos sindicales y eventos de recaudación de fondos para diversos grupos políticos de izquierda no dejaba lugar a su filiación, al tiempo que les granjeó enorme popularidad entre las capas más humildes de la sociedad americana. De hecho, su propio nombre venía, según Seeger, de que la gente del campo sólo tenía dos libros en casa: La Biblia y el Almanaque del Granjero. Rebuscando en el cancionero tradicional y modificando las letras para que trataran temas sociopolíticos, a principios de 1941 entran en el estudio, bajo la supervisión de Alan Lomax, para dar forma a su primer elepé, *Songs for John Doe*. Las notables ventas del disco les llevaron a grabar casi de inmediato un segundo álbum, *Talking Union*. Pero poco después y tras unas nuevas sesiones ese mismo año, del que saldrían dos discos editados como una solo bajo el título de *Deep Sea Chanteys and Whaling Ballads*, las tensiones internas y las presiones externas (al Gobierno del tío Sam, obviamente, no les hacía excesiva gracia tamaño combo de agitadores) terminaron con el grupo; no así con la carrera de sus componentes, que seguirían adelante incrementando su propia leyenda, en especial Seeger y Guthrie.

The Carter Family|La memoria en pizarra
Maces Spring (Virginia), 1927–1956

Resulta prácticamente imposible calcular el impacto real que la Carter Family tuvo en el bluegrass, el country, el pop o el rock. Muchísimo, eso sin duda, al igual que lo tuvo en el revival folk de finales de los cincuenta y principios de los sesenta. Para entender su legado, no obstante, hay que señalar la importancia que tuvo el productor Ralph Peer. Avispado cazatalentos, Peer vio en aquellos granjeros sureños todo un diamante en bruto. Bajo su tutela y comprendiendo que donde estaba la pasta era en la propiedad intelectual, el bueno de Alvin Pleasant Carter se dedicó a recuperar el cancionero tradicional (gran parte traído del Viejo Continente) de entre parientes y vecinos, grabarlo en pizarra y registrarlo a su nombre. Y no se puso por poco, que hablamos de cerca de trescientas piezas.

Obviamente, la jugada no habría salido tan bien de no ser el propio Alvin, su esposa Sara, y su cuñada Maybelle, unos cantantes y músicos excepcionales. De hecho, el estilo a la guitarra de Maybelle, conocido como *Carter Scratch*, se convirtió en sello del grupo y, con el tiempo, en uno de los estilos de guitarra más copiados. Cuando al cabo de los años el matrimonio terminó por divorciarse, sería Ma-

ybelle la que seguiría tirando del carro al enchufar a sus hijas en las Carter Sisters, logrando mantener a flote la marca. Una de ellas, June, acabaría por cierto emparejándose con un tal Johnny Cash, puede que les suene.

The Kingston Trio|Tres no son multitud

Palo Alto (California), 1957–1967

«Tom Dooley» es una canción tradicional de Carolina del Norte basada en el asesinato de Laura Foster en 1866 a cargo de Tom Dula. Una *murder ballad* que se convirtió en el gran éxito de The Kingston Trio cuando estos la grabaron en 1958, llevándola al puesto número 1 de las listas de Billboard. La interpretación fue galardonada como una de las canciones del siglo por parte de la RIAA (Recording Industry Association of America). Dave Guard, Bob Shane y Nick Reynolds integraban

la formación original de The Kingston Trio y fueron los culpables de llevar la música folk al primer puesto de las listas, cuando buena parte del país andaba metida en ese nuevo estilo llamado rock and roll. Llegaron a grabar hasta diecinueve discos, y colocaron cinco canciones en el primer puesto de las listas y diez más en el top ten. Un éxito sin precedentes en la música folk.

Woody Guthrie|El origen del origen
Okemah (Oklahoma), 1912–1967

Siempre es difícil establecer dónde, cuándo y con quien se inicia un género. Y el folk no es ajeno a ello. Probablemente no se puede explicar con algo o alguien en concreto, como casi nada. Aunque la figura de Woody Guthrie se acercaría al objetivo. Quizá Pete Seeger lo merecía más que él. Quizá Lead Belly no fue reconocido porque era negro (y conflictivo), pero el caso es que Guthrie, quizá también por haber sido reconocido por Bob Dylan una y otra vez como su principal influencia, se lleva esos teóricos honores. Vivió la Gran depresión y deambuló por todo el país cantando sus canciones. Formó parte de los Almanac Singers –con Seeger, justamente– o People's Songs. Se asoció a sindicatos de cantantes de izquierdas, participó en reivindicaciones obreras y siguió la estela de su admirado Joe Hill. Le cantaba a los vagabundos, a los trabajadores, a los anarquistas y a los delincuentes. Y todo ello le costó más de un problema con la ley. Escribió su autobiografía, *Bound for glory*, que sería llevada al cine con el protagonismo de David Carradine pero, sobre todo, fue el compositor de un buen número de himnos. Canciones eternas como «This Land Is Your Land», «Dusty Old Dust» o «Tear The Fascists Down». Su guitarra lucía escrito a mano un lema que se hizo eterno y característico de la canción protesta: «this machine kills fascists» . La lista de artistas que le han reconocido como influencia clave de sus carreras es inacabable. Más allá del propio Dylan encontramos Bruce Springsteen, Phil Ochs, Jeff Tweedy, John Mellencamp, Joe Strummer, Pete Seeger, Jerry Garcia y un larguísimo etcétera. Su hijo, Arlo Guthrie, intentó seguir la tradición musical de su padre con bastante menos impacto. Falleció en 1967 en un hospital de Queens, Nueva York, a causa del mal de Huntington.

Los años sesenta, la era dorada del folk

Como si de avivamientos religiosos se tratara, la música folk experimentó diversos renacimientos a lo largo del siglo pasado. Pero de todos ellos, el más influyente y productivo tuvo lugar a principios de la década de los sesenta, justo cuando el rock'n'roll se acababa de posicionar como la fuerza principal en la música americana. Como veremos más adelante, conforme la década fue avanzando, los músicos a uno y otro lado del Atlántico encontraron la manera de fusionar ambos géneros; pero ese folk rock que titula y define nuestro trabajo, nunca hubiera sido posible sin una serie de figuras que, primero en Estados Unidos y poco después en Gran Bretaña, resucitaron –desde los cafés y desde los estudios de grabación– el folk desde diversas vertientes. Con un epicentro no estanco ni exclusivo, pero sí indiscutible como fue el distrito de Greenwich Village en Nueva York, un número notable de artistas haría de aquella década, una era dorada: Joan Baez, Phil Ochs, Tom Paxton, Dave Van Ronk, el Reverendo Gary Davis, John Hurt, Joni Mitchell, Mary Travers, John Koerner, Mark Spoelstra y por supuesto Bob Dylan entre muchos otros; nuevos talentos que recogían el testigo de aquellos que, desde anteriores revivals, llegaban a los sesenta cual maestros y tutores todavía en activo. Nombres como los de Pete Seeger, Jimmie Driftwood, Ewan MacColl o Jean Ritchie llevaban en su macuto aquellas melodías de los primeros colonos de los Apalaches, estableciendo un puente imaginario entre la América anterior a la Guerra Civil y la década que vería nacer a los hippies.

La escena del Village quedó reflejada en primera persona en dos libros imprescindibles para entenderla: *Mayor of MacDougal Street* de Van Ronk y las *Chronicles Volume* 1 del señor Zimmerman. Y sería este último quien aglutinara en cierto modo todo aquel movimiento, especialmente a partir de su segundo elepé, *The Freewheelin' Bob Dylan* (1963), combinando la protesta («Blowin' in the Wind», «A Hard Rain's A–Gonna Fall») con la canción de amor de toda la vida («Don't Think Twice, It's All Right»).

Casi paralelamente a este fenómeno, en las Islas Británicas cristalizaría otro avivamiento, ya iniciado en los tiempos de posguerra y aupado por la llamada «locura del skiffle» entre 1956 y 1958, así como por la consolidación del circuito de clubs de folk, donde los artistas noveles se daban a conocer con un ojo siempre puesto, por entonces todavía, en el folk estadounidense. Donovan (a quien no se tardó en apodar el Dylan británico), Cat Stevens, Anne Briggs, Al Stewart y demás ofrecerían en los sesenta algunos de sus mejores momentos.

Hasta que pasado el ecuador de la década tanto algunos de estos *folksingers*, como una nueva hornada de mozalbetes melenudos, creyeron que el dogma del folk podía ser derribado con tan solo enchufar las guitarras y dejar que el rock'n'roll entrara a formar parte del juego. Una blasfemia efímera en cuanto a sofocos por parte de los talibanes del género, que pronto vieron en ello –convencidos o a su pesar, tanto da– una evolución tan natural como estimulante. Con The Byrds y Dylan por un lado, y con Donovan, Pentangle y Fairport Convention por otro como cabezas visibles –que no únicas ni mucho menos–, el folk rock veía la luz por primera vez. Y hasta el final de década y buena parte de la siguiente, fue uno de los géneros más populares entre buena parte del público. Avanzando, mutando y desarrollándose a partir de los decenios siguientes, hasta llegar a nuestros días.

Anne Briggs|Una voz todavía por descubrir
Toton (Nottinghamshire), 1944

Anne Patricia Briggs es una de esas cantantes cuya influencia sobre otros artistas supera con creces el reconocimiento popular hacia su propia obra. De hecho, necesitaríamos la mitad de este texto solo para enumerarlos. Soslayemos pues esa circunstancia y trasladémonos a 1959, año en el que viaja a dedo hasta Edimburgo donde conocerá a Bert Jansch, estableciéndose una inmediata conexión entre ambos e iniciándose una simbiosis musical que se alargaría en el tiempo.

A inicios de los sesenta se convierte en habitual de los clubs de folk de Londres y alrededores, al tiempo que se muda a vivir con Jansch. En 1963

ofrece sus primeras grabaciones: aporta dos temas al álbum colectivo *The Iron Muse (A Panorama of Industrial Folk Song),* y debuta a su nombre con el EP *The Hazards of Love.*

En medio de una gira, The Dubliners la descubren entonces y se la llevan a Dublín. En Irlanda pasaría los siguientes años, cantando en pubs e impregnándose del *sean–nós,* canto gaélico que incorporaría a su muy inglés bagaje folk. Fue también una época errática y disoluta en su vida, repleta de borracheras y anécdotas, a cada cual más pasada de rosca.

No sería hasta el final de la década cuando, de la mano del conocido agente Jo Lustig, consigue entrar a grabar su primer elepé a través del sello Topic. *Anne Briggs* (1971) consistía básicamente en versiones de temas tradicionales, más un par suyos. Una segunda intentona ese mismo año –esta vez en CBS–, bajo el título de *The Time Has Come,* ya incluyó mayoría de material propio; ninguno de los dos discos consiguió demasiada repercusión. A principios de 1973 grabaría un tercer álbum, *Sing a Song for You,* acompañada por la banda de folk–rock Ragged Robin. Sería su última grabación, inédita por cierto hasta 1996.

Embarazada de su segundo hijo, Briggs se mudaría a las Hébridas y cesaría en su carrera. Solo tiempo después, como decíamos al principio, infinidad de artistas empezaron –directa o indirectamente– a reconocer su legado dentro de la historia del folk rock.

Bill Fay|Rescatado del olvido
Londres, 1943

A finales de los sesenta, Bill Fay era un ar- tista folk de tintes progresivos recién fi- chado por Deram quien, tras un solitario single en 1967 («Some Good Advice») consiguió editar dos estupendos ele- pés. Pero ni *Bill Fay* (1970) ni *Time of the Last Persecution* (1971) cumplie- ron expectativas en cuanto a ventas. Volvería al estudio a finales de la década, aunque ese material que- dó finalmente en el tintero. Hasta que, en una elipsis de veinticinco años, aquel proyectado tercer disco vio finalmente la luz bajo el sello Durtro/Jnana Records, titulado *Tomorrow Tomorrow And Tomorrow* (2005) y acre- ditado al Bill Fay Group. Ello, sumado a la reedición de sus dos primeros trabajos, descubrió su legado a toda una nueva generación. Y como nunca había dejado de escribir canciones, pese a llevar décadas retirado, Bill se embarcó en una segunda etapa en su carrera que por el momento ya ha dejado tres excelentes álbumes: *Life Is People* (2012), *Who Is the Sender?* (2015) y *Countless Branches* (2020).

Bob Dylan|El Padrino, trigésimo novena parte
Duluth (Minnesota) 1941

En una entrevista concedida en 1985, Bob Dylan explicaba por qué fue el folk aquello que le llamó durante sus primeros años, en detrimento de otros géneros igual o más populares: «lo que pasa con el rock'n'roll es que para mí no era suficiente... Tenía frases muy pegadizas y ritmos potentes...

pero las canciones no eran serias o no reflejaban la vida de manera rea-
lista. Cuando me metí en la música folk, supe que era algo más serio. Las
canciones están llenas de más desesperación, más tristeza, más triunfo,
más fe en lo sobrenatural, sentimientos mucho más profundos». Pese a
que no mucho después Bob contribuiría como pocos a electrificar ese folk
y hermanarlo con el rock (recuérdese Newport y sus álbumes a partir de
Bringing It All Back Home en 1965), sus inicios como folk singer en el Village continuaban de manera inequívoca la tradición de Guthrie, Seeger y
demás adalides de la canción protesta. Tanto su debut homónimo en 1962
como los siguientes *The Freewheelin' Bob Dylan* (1963) y *The Times They
Are a–Changin'* (1964) son tres pilares del género, imprescindibles para
entender tanto su carrera como el devenir del género a partir de ellos.

Su evolución como letrista, sobrepasando ampliamente los márgenes
de la canción política para conseguir casi una cosmogonía propia, así
como su talento a la hora de aglutinar y reformar la música popular americana en sus distintas formas, acabaron pronto por convertirle en un estilo
en sí mismo. Baste echar una ojeada a lo que perpetró junto a The Band o
la gira Rolling Thunder Revue en los setenta para percibir a un artista sin
ningún tipo de ataduras; de algún modo anclado siempre en lo tradicional,

pero con la suficiente perspicacia y arrojo como para moldearlo a su voluntad.

Y es que, solo escogiendo dos discos por década, y dejando muchos en el tintero, el legado del premio Nobel de literatura es demasiado grande para resumirse en unas simples líneas. Nadie en el mundo del folk rock puede alardear de semejante corpus artístico: *Highway 61 Revisited* (1965), *Blonde on Blonde* (1966), *Blood on the Tracks* (1975), *The Basement Tapes* (1975), *Infidels* (1983), *Oh Mercy* (1989), *World Gone Wrong* (1993), *Time Out of Mind* (1997), *Modern Times* (2006), *Together Through Life* (2009) o el más reciente *Rough and Rowdy Ways* (2020) son discos al alcance solo de un elegido. Y nos dejamos la tira.

Buffy Sainte-Marie |La voz del pueblo indígena
Saskatchewan, Canadá, 1941

Beverly Sainte–Marie nació en la reserva india Piapot 75, de padres Cree que murieron siendo ella apenas un bebé. Adoptada por Albert y Winifred Sainte–Marie, una pareja de Massachusetts descendientes de la tribu Mi'kmaq, tales ancestros definirían buena parte de su carácter, su obra y su activismo. Precoz hasta el extremo, aprendió a tocar el piano de forma autodidacta a los tres años y, a los cuatro, ya musicaba sus propios poemas. Todo ello hasta convertirse en figura fundamental en el folk de los años sesenta, aunque muchas de sus canciones acabaron –y siguen siendo– más conocidas en manos de otros artistas, muy en especial de Donovan, quien consiguió notables éxitos con sus versiones de «Cod'ine» y «Universal Soldier». Al mismo tiempo, se convirtió en una de las voces más reivindicativas respecto al mal trato dispensado a los nativos americanos con canciones como «Now That the Buffalo's Gone» «My Country 'Tis of Thy People You're Dying» o «Bury My Heart at Wounded Knee». Pero su carrera no se circunscribiría a aquella década; a mediados de los setenta, recibió una llamada de los productores de *Sesame Street*, el conocido programa infantil. Y lo que iba a ser una aparición puntual acabó convirtiéndose en una colaboración de cinco años (de 1976 a 1981).

Inquieta tanto en lo social como en lo artístico, en 1982 compuso junto a Will Jennings y Jack Nitzsche la canción «Up Where We Belong», que en las voces de Joe Cocker y Jennifer Warnes se convirtió en un exitazo dentro de la banda sonora de aquella meliflua tontería llamada *Oficial y Caballero*, taquillazo para marujas y pedorros. El tema se llevó además tanto el Globo de Oro como el Oscar a la Mejor Canción Original de ese año.

Superviviente nata, a principios del nuevo siglo declaró que, en los ochenta, había descubierto que tanto ella como el *Native American Movement* habían sido incluidos en una lista negra a petición de los presidentes Lyndon Johnson y Richard Nixon, así como de J. Edgar Hoover y el disc jockey de Nashville, Ralph Emery. Un auténtico supergrupo de villanos que trató de apartarla del negocio musical en los setenta pero que, por suerte para la gente de bien, fracasó en el intento.

Carolyn Hester|El pájaro cantor de Texas
Waco (Texas), 1937

La historia de Carolyn Hester se puede explicar en base a datos y a nombres conocidísimos. Eso demostrará el por qué esta tejana es una de las grandes figuras del renacimiento del folk en los sesenta. Vamos a ellos. Su segundo disco fue producido por los Clancy Brothres. Hacía en directo «House Of The Rising Sun» y motivó a Bob Dylan a hacerla. Encabezó el boicot al programa de televisión Hootenanny cuando Pete Seeger fue incluido en su lista negra. John Hammond se fijó en ella y la fichó para Columbia en 1960, año en el que conoció a Richard Fariña, con el que se casaría, y cuya relación duraría dos años. En 1961 conoce a Bob Dylan y lo invita a tocar en su tercer disco, titulado de forma homónima como el segundo. Será la primera vez que Dylan grabe en un estudio y lo hará tocando la armónica en el tema «I'll Fly Away». «Me sorprendió diciéndome que había ido a ver a Woody Guthrie, y le dije: ¿De verdad lo has visto? ¿No está muy enfermo o algo así? Y me dijo que había ido al hospital a verlo, lo cual fue realmente sorprendente. Ni siquiera había pensado en tratar de hacer eso yo misma. Había tantas cosas sobre Bob que me impactaron. Él era realmente diferente en todos los sentidos» , le dijo en una entrevista a John Bauldie. El caso es que eso llevó a John Hammond a fichar a Dylan, y lo demás es historia de nuestro tiempo. Más cosas del llamado «pájaro cantor de Texas» : renunció a formar un trío con Peter Yarrow y Paul Stockey. Su sitio lo ocuparía Mary Travers, dando lugar a los famosísimos Peter, Paul & Mary.

Intentó evolucionar hacia el folk rock pero al final optó por la psicodelia, fundando Carolyn Hester Coalition. El invento tampoco acabó de cuajar. A pesar de su edad, de vez en cuando sigue actuando con sus hijas Amy Blume y Karla Blume.

Dave van Ronk |El alcalde de la calle MacDougal
Nueva York, 1936–2002

Que alguien como Bob Dylan te señale como una de las figuras claves de su carrera no es algo de lo que muchos puedan alardear. Dave van Ronk pudo hacerlo hasta su muerte por una insuficiencia cardiopulmonar en 2002. Tampoco pudo sacar pecho porque los hermanos Coen basaran el personaje central de su película *Inside Llewyn Davis* (2013) en su figura, pero así fue. Van Ronk encarnaba como nadie la figura del folkie en la Nueva York de los años sesenta. Suyo fue el arreglo de «House of The Rising Sun» que Dylan incluyó en su primer disco. Pero no solo era admirado por el de Duluth. Gente como Joan Baez, Tom Paxton, Phil Ochs, Joni Mitchell o Ramblin' Jack Elliott también mostraron su devoción por un tipo al que

todo el mundo llamaba el alcalde de la calle MacDougal por su ascendencia en el ambiente de la ciudad.

Van Ronk empezó intentando ser músico de jazz, aunque pronto lo cambió por el blues y luego por el folk. Especialmente tras introducirse en la música de Misisipi John Hurt y Furry Lewis. Pronto fue conocido en todos los garitos, no solo por su música, sino también por su gran estatura y su capacidad intelectual. Parecía poder hablar de todo. Y así era. Apoyando movimientos de izquierdas se convirtió en un aparente problema para el gobierno, que decidió mantenerlo vigilado toda su vida. De hecho, fue uno de los detenidos en los disturbios de Stonewall, considerados el punto de partida del movimiento de defensa de los derechos de los homosexuales. Musicalmente, fue innovador de la técnica de la guitarra acústica y, otra vez Dylan, aseguraría de él en *Crónicas (Volumen 1)* que «escuché a Van Ronk en el Medio Oeste en discos y pensé que era bastante bueno, copié algunas de sus grabaciones frase por frase» .

Doc Watson|Genio del flatpicking

Carolina del Norte, 1923–2012

Una estatua sentada en un banco, con su guitarra sobre sus piernas en Boone (Carolina del Norte) rinde homenaje a Doc Watson, ganador de hasta ocho premios Grammy y uno de los reyes del *flatpcking* (tocar arpegios con la guitarra acústica con púa). De nombre verdadero Arthel Lane Watson, se quedó ciego siendo apenas un bebé, aunque eso no le impidió nunca perseguir sus sueños. Con trece años de edad, su padre le prometió que le compraría una guitarra si era capaz de aprender una canción en un día, con el instrumento de un vecino. Lo consiguió eligiendo «When The Roses Bloom In Dixieland» de la Carter Family. Empezó actuando en las calles de Boone (de ahí que allí se ubique su estatua) junto a su hermano, interpretando temas de bluegrass, country y folk. Su carrera recibió el gran espaldarazo cuando en 1963 actúa en el prestigioso festival de folk de Newport. Un año después, su hijo Merle se une a su banda, y actuarán juntos durante veinte años hasta que este muere por un accidente de tractor en 1985. La gran contribución de Doc, apodo que le puso un miembro del público de uno de sus conciertos, fue el citado *flatpicking*, que fue definido por el mismísimo Bob Dylan como «agua corriendo» y que el mismo Watson definía como *country pickin'*. Falleció en 2013 a causa de unas complicaciones tras una cirugía abdominal.

Janis Ian|La chica que pensaba en la sociedad

Nueva York, 1951

A principios de abril de 1951 nace en el Bronx de Nueva York, Janis Eddy Fink. A pesar de esa cuna tan cosmopolita, Janis pasó su infancia en la granja de sus padres, en el sur de Nueva Jersey, cosa que le hizo familiarizarse con el ámbito rural. Fueron sus progenitores los que la iniciaron en el mundo de la música y en estilos como el folk y el jazz. Con dos años ya daba clases de piano, a los doce escribió su primera canción y a los quince entró en las listas de éxitos con «Society's Child (Baby I've Been Thinking)» una historia de amor interracial que sería prohibida en las emisoras de radio, a pesar de lo cual conseguiría vender 600.000 copias en 1967. Poco antes había cambiado su nombre por el de Janis Ian, adoptando como apellido el segundo nombre de su hermano. Tomando como referencias a Odetta y Joan Báez, entra con fuerza en la escena folkie de los sesenta a pesar de ser todavía una adolescente, aunque su gran éxito llegará en 1975 con «At Seventeen» tema sobre la angustia adolescente, observada por una mujer que ya tiene veinticuatro años. A lo largo de su carrera ganará dos premios Grammy. En los ochenta trabajará especialmente en el cine y en televisión, se hará columnista de prensa y también escribirá libros de ciencia ficción.

Jefferson Airplane|Los primeros pasos del conejito blanco

San Francisco (California), 1965–1973

Incluso para aquellos menos versados en la música de los años sesenta, el nombre de Jefferson Airplane no resulta del todo desconocido; y no

lo es, principalmente, por dos temas tan icónicos como «White Rabbit» y «Somebody to Love», dos canciones que la cantante Grace Slick se trajo consigo de su anterior banda, The Great Society. Pero pese a ser ambas –incluidas en su segundo trabajo *Surrealistic Pillow* (1967)– clásica enseña de la psicodelia californiana, la banda inició su andadura bajo unos postulados claramente folk rock. Postulados heredados de las experiencias previas de varios de sus miembros.

Marty Balin, por ejemplo, provenía de un grupo de folk llamado Town Criers hasta que, inspirado por el éxito de Byrds y de Simon & Garfunkel, decidió formar un nuevo grupo que fusionara folk y rock; en un club local conocería al músico Paul Kantner, quien llevaba formando parte del circuito folk de la Bay Area desde principios de década, junto a futuros luminarias como Jerry García, David Crosby y Janis Joplin. De hecho, Kantner ha citado como primeras influencias, en diversas ocasiones, a grupos folk como The Kingston Trio o los Weavers e incluso durante un breve periodo, en 1964, se mudó a Los Angeles para formar un dúo folk con David Freiberg, otro futuro miembro de los Airplane.

Todo ello convergerá en un debut, *Jefferson Airplane Takes Off* (1966), en el que constatar sin ambages dicho sonido. Sería, eso sí, su única grabación (casi) enteramente folk, pasando mayormente desapercibida entre el público de la época. A partir de entonces la cosa tomaría otro rumbo, aunque nunca renunciaron del todo a su primer amor; baste como muestra esa pequeña maravilla de folk psicodélico que es «Today», escrita a cuatro manos por Balin y Kantner e incluida en *Surrealistic Pillow*.

Joan Báez | La indiscutible reina

Staten Island (Nueva York), 1941

Hija de un fisioterapeuta mexicano –de ahí sus rasgos físicos– y una profesora de literatura, Joan Báez es la indiscutible reina del folk norteamericano. Aprendió a tocar la guitarra en Boston y comenzó haciendo sus pinitos sobre un escenario en el Club 47 de Cambridge. Como a tantos y tantas otras, su gran alternativa le llega en 1959 cuando actúa en el prestigioso Festival de Folk de Newport, cosa que le lleva a grabar, un año después, su primer disco, titulado con su nombre. Ella fue clave para el despegar de la carrera de un joven Bob Dylan, con el que tendría una relación sentimental acabada de forma bastante tortuosa, pero al que apadrinaría y ayudaría a dar sus primeros pasos en el Greenwich Village. De ahí que fueran apodados el Rey y la Reina. En su tercer disco, *Joan Baez In Concert*, publicado en 1962 se encuentra su versión del «We Shall Overcome» que se convertiría en la canción por excelencia de la lucha por los derechos humanos. Y es que lo suyo, al principio, fueron las versiones. Haría muchas de su pareja durante dos años, pero también de autores como Pete Seeger o Woody Guthrie. En 1970, con *Diamonds And Rust* apuesta por la composición e incluye cuatro canciones suyas en el disco, donde también versiona a John Prine, Janis Ian y, por supuesto, a Dylan. Curiosamente, la crítica es bastante unánime en considerar *Play Me Backwards* su mejor disco, algo que podría pasar por normal si no fuera porque el álbum es de ¡1992! En él, Báez interviene en la composición de seis de sus once temas. La afirmación, en todo caso, pa-

rece exagerada si lo comparamos con sus discos de los sesenta. En todo caso, en la actualidad sigue manteniendo lo que aseguraría para Rolling Stone en los setenta, «creo que la música tiene el poder de transformar a las personas, y al hacerlo, tiene el poder de transformar situaciones, algunas grandes y otras pequeñas» .

Judy Collins|La doncella del constante dolor
Seattle, 1939

En 1967, Stephen Stills le dedicó a su pareja de entonces, Judy Collins, la canción «Suite: Judy Blue Eyes», una magnífica pieza incluida en el disco de debut de Crosby, Stills & Nash. Mezclando el folk con el góspel e incluso la música teatral, Collins había debutado en 1961 con el disco *A Maid Of Constant Sorrow*, aunque no adquirirá cierta repercusión hasta precisamente 1967, cuando versionaría a Joni Mitchell con «Both Sides, Now» incluída en *Wildflowers*.

Este está considerado su mejor trabajo y le hizo ganar el Grammy a la mejor interpretación de folk del año. No volvería a tener un éxito igual hasta que en 1975 versionara a Stephen Songheim y su canción «Send In The Clowns» dentro de su disco *Judith*, el más vendido de su carrera. Esa acción la llevó al primer puesto de las listas de ventas y, otra vez, a ganar un Grammy a la mejor interpretación pop. Cita entre sus compositores favoritos a Bob Dylan, Phil Ochs y Tom Paxton. A lo largo de su vida ha tenido diversos problemas de salud, algunos como la polio y la tuberculosis de manera imprevista y otros por culpa de sus adicciones al alcohol, que superó hace tiempo y que le permiten permanecer en activo.

Moby Grape|Todos para uno y uno para todos

San Francisco (California), 1966 – Actualidad

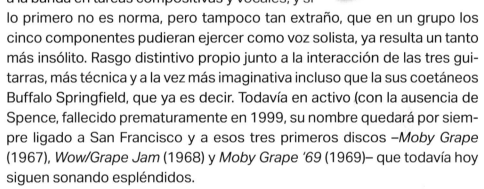

El folk rock de Moby Grape, al que nunca le ha faltado aderezo en forma de country, blues y psicodelia, ha ido y venido a través del tiempo en incontables disoluciones y posteriores reuniones. No obstante, el grueso de su producción –y aquella por la que son mayormente recordados– abarca cinco álbumes entre 1967 y 1971, y cuenta con la formación clásica, a saber: Bob Mosley, Skip Spence, Peter Lewis, Jerry Miller y Don Stevenson. Cinco talentos que aportarían por igual a la banda en tareas compositivas y vocales; y si lo primero no es norma, pero tampoco tan extraño, que en un grupo los cinco componentes pudieran ejercer como voz solista, ya resulta un tanto más insólito. Rasgo distintivo propio junto a la interacción de las tres guitarras, más técnica y a la vez más imaginativa incluso que la sus coetáneos Buffalo Springfield, que ya es decir. Todavía en activo (con la ausencia de Spence, fallecido prematuramente en 1999, su nombre quedará por siempre ligado a San Francisco y a esos tres primeros discos –*Moby Grape* (1967), *Wow/Grape Jam* (1968) y *Moby Grape '69* (1969)– que todavía hoy siguen sonando espléndidos.

Peter, Paul & Mary|Los sonidos del compromiso

Nueva York, 1961 – 1970 / 1978 – 2009

Peter Yarrow, Paul Stookey y Mary Travers fueron uno de tantos proyectos de Albert Grossman, el padrino de gran parte de la escena folk y rock americana en los sesenta. Exitosos proyectos, cabría apostillar. Porque lo de este trío puede hoy quedar como algo muy lejano, pero de 1961 a 1969 consiguieron una fama que pocos han podido igualar. Y ello a pesar de una

imagen en las antípodas del glamour: sí, Mary lucía lozana y pizpireta, pero los otros parecían dos joyeros judíos salidos directamente del Diamond District. Un look bastante rancio, que compensaban con un enorme talento para las armonías vocales, eso sí.

Habituales del The Bitter End, meca del folk en Greenwich Village por aquel entonces, en 1962 debutarían con un disco homónimo que resultaría un bombazo, acabando por ser doble platino. Alternando, en su repertorio, material propio con versiones de Seeger y muy especialmente de Dylan, el grupo daría muestras de su compromiso sociopolítico actuando en la archiconocida *March on Washington for Jobs and Freedom*, allí donde Martin Luther King soltó su famoso discurso del «I Have a Dream». Convencidos de que la música puede actuar como catalizador para el cambio, el trío continuó su activismo participando en la marcha Selma–Montgomery de 1965, las protestas de la guerra de Vietnam y el activismo denunciando la victimización del pueblo de El Salvador, por poner solo algunos ejemplos. Un posicionamiento que alternaban con éxitos más ligeros, caso de la famosa «Puff, the Magic Dragon»; canción que, a pesar de hablar de la transición de la infancia a la madurez, muchos tomaron como una referencia a las drogas. También es verdad que, en los sesenta, la peña veía referencias a las drogas hasta en las señales de tráfico.

Sea como sea, su paso por la década dejó una huella imborrable, hasta su separación en 1970. Un disco –*Reunion* (1978)– y la gira que lo acompañó fueron tan populares que los tres decidieron reunirse de forma permanente, grabando y girando hasta la muerte de Travers en 2009.

Phil Ochs|El epítome del músico malogrado

El Paso (Texas), 1940 – Nueva York, 1976

Como a tantos otros artistas, sería la universidad (la de periodismo en Ohio, en concreto) la que en cierto modo marcaría el destino de Phil Ochs. Allí, tras una infancia un tanto difícil, se dio de bruces con la poesía y la literatura beatnik al tiempo que descubría la música y las ideas de Pete Seeger o Woody Guthrie. Inquieto, políticamente activo, el joven Ochs sumará a su temprana pasión por el rock'n'roll la influencia del folk tradicional para dar forma a su yo artístico.

Un yo artístico que empezará a cuajar tras su llegada a Nueva York en 1962, actuando en clubs de folk y colándose sin problemas en la escena de Greenwich Village. Sus canciones sobre la guerra, los derechos civiles o los conflictos laborales le llevarían a ser invitado al Festival de Newport en 1963 y, al año siguiente, debutar de largo con *All the News That's Fit to Sing*, al que seguirían *I Ain't Marching Anymore* (Elektra, 1965) e *In Concert* (Elektra, 1966) en un periodo, la primera mitad de los sesenta, en el que escribe canciones como quien lava, mientras mantiene una sana –y desigual– rivalidad con otro jovenzuelo llamado Bob Dylan.

Tras dejar Elektra y fichar por A&M Records se mudará a Los Angeles y seguirá editando discos, entre ellos un sarcástico *Greatest Hits* (1970) compuesto solo por material nuevo. Pero por entonces su errática personalidad y sus adicciones empiezan a hacer mella en serio. Trasiega alcohol y tranquilizantes sin medida, vagabundea, sufre de depresión (más adelante sería diagnosticado con un trastorno bipolar) y manía persecutoria. Un cuadro que le imposibilita seguir adelante con su carrera más allá de esporádicos conciertos y que le llevaría a ahorcarse en abril de 1976. Un final triste para una figura tan brillante como patética, merecedor –a tenor de la calidad de su legado– de un mayor reconocimiento en vida.

Richie Havens|Míster Woodstock

Brooklyn (Nueva York) 1941-2013

Tras ser operado del riñón en 2012, Richie Havens anunció que se retiraba de la música tras más de cuarenta y cinco años de carrera. Apenas un año después, un infarto acababa con su vida. El llamado «icono de Woodstock» nos dejaba con una discografía incomparable, un carisma apabullante y una manera de tocar la guitarra única, caracterizada por utilizar su dedo pulgar para realizar las cejillas en aquellos acordes que la necesitaban. El apodo por el que siempre se le conocería se lo ganó al ser el músico que abrió el célebre festival de Woodstock en 1969. Pero su carrera había empezado casi una década antes, cuando dejó a su familia de nueve hermanos en Brooklyn para trasladarse a Greenwich Village, lugar en el que todo estaba naciendo en cuanto a la música folk. «Tuve la suerte de ser uno de los primeros en los días iniciales del Beatnik en los años cincuenta, interpretar poesía con presentaciones por las noches durante dos años mientras se escuchaba la música folk en los clubes. Esto favoreció que empezara a tocar la guitarra» . No tardó Albert Grossman, manager de Bob Dylan, en darse cuenta de que allí había un diamante en bruto y le firmó un contrato para grabar con Verve Folkways. En 1967 publicará su disco de debut, *Mixed Bag*, en el que se incluye la versión de «Just Like a Woman» de Bob Dylan que en 1992 interpretará en el homenaje a los cincuenta años de carrera del músico de Minnesota. Pero fue su participación en Woodstock la que le dio la fama. A pesar de estar programado en quinto lugar, aprovechó el retraso del resto de artistas para abrir las actuaciones y tocar durante tres horas, mientras los demás llegaban. Lejos de cansar a la audiencia, fue obligado a volver al escenario hasta en tres ocasiones, y

como había acabado su repertorio tuvo incluso que improvisar canciones tradicionales encima del escenario. En 1970, en el que ya sería su cuarto disco, *Alarm Clock*, incluyó una versión del «Here Comes the Sun» de George Harrison que le haría entrar, por primera vez, en el top 30 de la lista de Billboard, aunque sin duda, otro de sus grandes hitos, sería aparecer en 1972 en *Tommy*, la ópera rock de The Who. En los años setenta, Havens fue metiéndose cada vez más en el activismo ecologista, combinando esta actividad con una carrera musical que presentaba discos cada vez más distanciados en el tiempo, pero nunca exentos de calidad. Por motivos económicos –no estaba de acuerdo en los valores comerciales que transmitía el festival– se negó a participar en el 25 aniversario del festival de Woodstock, participando en una celebración alternativa en el lugar original donde se realizó el evento junto a Arlo Guthrie, Melanie y Dave Pirner de Soul Asylum. Su último disco publicado en vida fue *Nobody Left to Crown (2008)*

Roy Harper|Ese extraño señor inglés
Manchester, 1941

Iniciado en el skiffle, Roy Harper perdió a su madre cuando solo tenía tres semanas. Eso le llevó a escribir poesía de manera muy temprana y a pasar

mucho tiempo con sus hermanos, que le iniciaron en el citado estilo musical. Con ellos formará su primer grupo, De Boys, aunque lo abandonará pronto para alistarse con solo 15 años en la Royal Air Force. Estaba claro que aquello no iba a salir bien, y en 1960 ya se había metido a músico ambulante, tocando en diversos lugares de Europa e incluso África. De vuelta en Londres consigue hacerse residente de un club del Soho llamado Les Cousins, y allí será descubierto por Peter Richards de Strike Records. Con ellos publica en 1966 *Sophisticated Beggar*, puro folk, en un disco de poesía musicada con su propia guitarra acústica. Llama la atención de CBS, publicando con ellos *Come Out Fighting Ghengis Smith* (1967), pero lo despiden y ficha por Liberty Records, con la que también dura solo un disco: *Folkjokeopus* (1969). Finalmente consigue asentarse en Harvest Records, grabando con ellos buena parte de su producción, especializados en rock progresivo, y aspecto este no casual. Porque la música de Harper es de todo menos convencional. Su amor por el rock le llevó a actuar con bandas como Pink Floyd o T.Rex y a aparecer –ojo, con esto– en el tema «Have A Cigar» , del disco *Wish You Were Here* de los primeros en 1975. Además, Led Zeppelin convertirán el blues tradicional («Shake 'Em on Down» en «Hats Off to (Roy) Harper», un tributo al músico que cierra el disco más acústico de Plant, Page y compañía, *Led Zeppelin III*. De hecho, el grupo y el músico se convertirían en grandes amigos, considerando Jimmy Page a Harper un ejemplo de cómo mantener sus principios. Harper participaría en el diseño de la portada de *Physical Graffitti* y aparecería en el documental *The Song Remains the Same* mostrando la importancia que tenía para los Zep. Calificado muchas veces de folk progresivo, llega a grabar con Page *Whatever Happened to Jugula?* (1985). Su discografía es inmensa, aunque no ha vuelto a publicar nada desde que en 2013 publicara *Man & Myth*.

Simon & Garfunkel | El dúo de oro

Forest Hills (Nueva York), 1957 – 1970

Un compositor y cantante magnífico (Paul Simon) y un vocalista excelso (Art Garfunkel) forman este dúo seminal que empezó su carrera con el horroroso nombre de Tom y Jerry. Simon se hacía llamar Jerry Landis y Garfunkel, Tom Graph. Íntimos desde la escuela, en 1963 fichan por Columbia y publican el disco *Wednesday Morning 3 A.M.* (1963). El disco, aunque incluía un futuro éxito como «The Sound Of Silence» no funcionó en cuanto a ventas y el dúo se separa temporalmente. Sin decir nada a la pareja, en 1965 la discográfica mezcla de nuevo la canción en 1965, y sorprendentemente llegan al puesto número uno de las listas, por lo que Simon, que se había marchado del país, vuelve y el dúo se reactiva. Aprovechan el tirón y publican «I Am A Rock», de nuevo un éxito, y el LP *Parsley, Sage, Rosemary and Thyme*, el mismo año. Solo les faltaba encargarse de la banda sonora de *El Graduado*, protagonizada por Dustin Hoffman y con la mítica «Mrs. Robinson» entre sus canciones para que sus años dorados arrancaran. *Bookends* (1968) o *Bridge Over Troubled Water* (1970) los confirmaron como una banda grande. Ellos querían ser como los Everly Brothers, y lo habían conseguido. Por entonces, eso sí, Garfunkel había dirigido su carrera hacia el cine, y chocaban por el hecho de que Simon quería incluir temas políticos en sus canciones. El proyecto estaba herido de muerte. Tras disolverse aparecen

alguna vez juntos y, sobre todo, en 1981 ofrecen un concierto en Central Park para medio millón de asistentes que será publicado en disco. Ambos iniciaron carreras en solitario, siendo Paul Simon el que más éxito ha obtenido con discos como *Paul Simon* (1972), *There goes rhymin'* (1973), *Still crazy after these years* (1975), o *Graceland* (1986).

The Beau Brummels|Tan olvidados como incomprendidos
San Francisco, 1964–1969, 1974–1975

Es habitual que cuando se hable de los grupos claves del folk rock norteamericano de los sesenta se cite a Buffalo Springfield, a Moby Grape o a The Byrds. Igual de habitual que olvidarse de The Beau Brummels, que poco tenían que envidiar, en cuanto a calidad, a las bandas citadas. Liderados por el talento de Ron Elliott y la voz de Sal Valentino fueron una figura clave para entender el nacimiento del folk rock. Influidos por The Beatles, la banda se forma en San Francisco, donde son descubiertos por el DJ

Tom Donahue, que los ficha para Autumn Records. Allí editan *Introducing The Beau Brummels* (1965) producido por el prestigioso Sly Stone. El pop está ahí, pero las inclinaciones hacia el folk rock y el country rock, también. También en 1965 se publica *Volume 2*, pero las cosas no funcionan comercialmente como esperaban y su compañía se arruina, llevándolos de paso a ellos. Además, Ron Elliott es diagnosticado de diabetes y eso hace que no pueda girar con el grupo de manera habitual. Afortunadamente Warner sale al rescate y les publica *Beau Brummels 66* (1966), su tercer disco, obligándoles eso sí a que fuera un álbum de versiones. Allí adaptan a sus queridos Beatles, pero también a Bob Dylan, Simon & Garfunkel o The Rolling Stones. La estrategia de la *major* salió mal, y las ventas tampoco funcionaron. Medio grupo se largó, y el otro medio se encontró en la tesitura de qué hacer. Optaron por sacar *Triangle* (1957) un disco conceptual y experimental, de tintes psicodélicos. Con 1968 llega su disco más country rock, ya solo con Valentino y Elliott en la banda, el estupendo *Bradley's Barn*. Su habitual falta de éxito hizo que la banda se separara y sus dos grandes fundadores emprendieran sus carreras en solitario. Como sería bastante habitual, volverían en los setenta, pero no consiguieron tampoco un gran impacto. Por sorpresa, en 2013, los Beau Brummels publicaron *Continuum*.

The Mamas and the Papas|Nostalgia californiana
Los Angeles (California), 1965–1968/1971

Pocas bandas han llegado tan alto en menos tiempo que The Mamas and the Papas. Con cuatro discos entre 1966 y 1968, y un buen puñado de canciones icónicas, el cuarteto formado por John y Michelle Phillips (matrimonio por entonces), Cass Elliot y Denny Doherty fueron al folk rock –en el contexto de la era hippie– lo que Hendrix o Janis Joplin al rock a secas. Sin ellos no sería posible entender la contracultura de los años sesenta; no al menos en toda su amplitud.

Fichados por Lou Adler para su sello Dunhill, el cuarteto lanzó un par de singles a finales de 1965, «Go Where You Wanna Go» y la archiconocida «California Dreamin'», previos al lanzamiento de su primer elepé *If You Can*

Believe Your Eyes and Ears en febrero del año siguiente. El tercer sencillo extraído del disco, «Monday, Monday» fue el que pegó fuerte de verdad, llegando al número 1 no solo en Estados Unidos sino también en nuestros Los 40 Principales, mucho antes de que la emisora deviniera la fosa séptica que todos conocemos. Pese a los problemas internos (Michelle, tras liarse con Doherty y más tarde con Gene Clark de The Byrds fue momentáneamente expulsada de la banda, aunque luego readmitida), el ritmo de trabajo no decaería. A un segundo disco homónimo en septiembre de 1966, del que se extraería el éxito «I Saw Her Again», (co–escrito por John y Denny sobre el affaire de marras) le seguiría *Deliver* (1967) y *The Papas & the Mamas* (1968), hasta que las habituales tensiones internas y una cierta sensación de estancamiento les llevaron a echar el cierre a principios de 1969. Contractualmente todavía le debían un álbum a Adler, disco que John escribiría y la banda grabaría aquí y allá, casi siempre por separado. Finalmente, *People Like Us* vería la luz a finales de 1971, cuando su momento había quedado ya bastante atrás. Una coda un tanto insustancial a una carrera fulgurante. Un disco, en palabras de Michelle años más tarde, que «sonaba como lo que era, cuatro personas tratando de evitar una demanda» .

The Turtles|Sacando la cabeza del caparazón

Los ángeles, 1965–1970

La historia de The Turtles, al menos en lo mediático, se inicia de manera muy parecida a la de The Byrds. Y es que si estos sacaron la cabeza del caparazón gracias a su versión de «Mr. Tambourine Man» de Mr. Bob, las

tortugas lo hicieron con «It Ain't Me Babe» en 1965. Se habían formado un año antes, en 1964, a partir de la unión de varios amigos del instituto que ya tenían una banda de surf llamada The Nightriders. Antes de ser The Turtles, también fueron Crossfires. Con ese nombre fichan por el sello White Whale Records, que les recomienda cambiarse el nombre por The Turtles. Como eran grandes admiradores de The Byrds, se plantearon llamarse The Tyrtles, cosa que afortunadamente no hicieron. «It Ain't Me Babe», del disco del mismo nombre, los lleva al 8 de las listas, aunque luego no son capaces de repetir con sus siguientes sencillos, «Let Me Be» y «You Babe». Eso augura ya el fracaso de ventas que es su segundo disco, *You Baby* (1966). La resurrección les llega en 1967 con «Happy Together», tras varios cambios de formación. Número 1 en Estados Unidos, los ayuda a asentarse como banda de reconocida calidad y a ser respetados por público y crítica. Ese año publican disco con el mismo título y cargado de éxitos, cosa que lleva a que su recopilatorio, *The Turtle Golden Hits*, sea su trabajo más vendido. Con él empieza el ocaso. El ostentoso *The Turtles Presents The Battle Of The Bands* (1968) ya no funciona tan bien, aunque el sencillo «You Showed Me», original de The Byrds, los aúpa al puesto 6 en las listas. En 1969 graban su último disco destacable, *Turtle Soup*, poco antes de dejar de existir.

Tom Paxton|El Bob Dylan de la ciudad del viento
Chicago, 1937

Uno de los músicos que se olvida a menudo al hablar del renacimiento del folk en los sesenta es Thomas Richard Paxton, aka Tom Paxton. Y mira que estuvo donde había que estar. En Nueva York. En el Greenwich Village. En locales como el Café Wha? Pero ni por esas. Quizá había tantos que alguno siempre cae al citarlos, y el de Paxton, en eso, es nombre recurrente. Quizá porque sus canciones fueron más reconocidas en la voz de otros que en la suya propia. Desde el mismísimo Bob Dylan a Pete Seger, Judy Collins, Doc Watson o Joan Baez han interpretado sus temas.
Gente que, precisamente, no necesitaba recurrir a las composiciones de otros por su pericia en el tema. Aspecto este que demuestra la calidad del de Chicago. Ganador de un Grammy por su trayectoria en 2009, le daba a diversos géneros. Desde la balada que dominaba como nadie –ahí están «Ramblin'Boy» o «The Last Thing On My Mind» para demostrarlo–, hasta la canción protesta como «Peace Will Come» o «The Marvelous Toy». Incluso hizo sus pinitos en la canción infantil, ya que sabía convertir su sentido del humor, irónico y visceral, en algo mucho más pueril e inocente.

Tyrannosaurus Rex|Paz y amor en el Jurásico
Londres, 1967–1970

¿Quién no conoce a Marc Bolan? Cualquier persona atenta a la música y la cultura popular de finales del siglo pasado, sabe de su valía y su legado.

Al frente de T. Rex, a partir de 1970 su popularidad –especialmente en el Reino Unido– fue enorme, colando más de un docena de sencillos en el top ten y convirtiéndose en mascarón de proa, junto a Bowie y Roxy Music, de lo que sería conocido como glam rock.

Pero la historia de Bolan no empezó ahí, sino unos años antes. Concretamente en julio de 1967, cuando tras una serie de singles a su nombre que no compró ni la familia y una corta e igualmente fallida estancia en la banda John's Children, se alió con el batería de estos, Steve Porter. Ambos, con Porter rebautizándose como Steve Peregrin Took (los fans de El Señor de los Anillos no necesitarán explicación al respecto), iniciarían una carrera basada en el repertorio de Bolan, muy influenciado en aquel entonces por el folk y la música hindú de Ravi Shankar.

A la escena del momento, plagada de hippies, la combinación de la guitarra de Bolan y los bongos y demás percusiones de Steve le encantó. Así, aliados con el productor Tony Visconti, la pareja grabaría dos discos en 1968, el primero con opción a récord Guinness en la categoría de título kilométrico: *My People Were Fair and Had Sky in Their Hair... But Now They're Content to Wear Stars on Their Brows* y *Prophets, Seers & Sages: The Angels of the Ages*. Ambos discos obtuvieron un éxito moderado, pero la ruptura estaba cerca. Tras un tercer intento –*Unicorn* (1969)– y mientras Bolan llevaba una existencia de lo más   apacible junto a su novia, escribiendo canciones y poesía, Steve se metió a fondo en las drogas y en la contracultura del momento, acercándose a la anarquía de bandas como Deviants y Pink Fairies. Por si fuera poca la escasa conexión entre ambos, Steve quiso incluir temas suyos en el repertorio del dúo, algo a lo que Bolan se negó en redondo. Como consecuencia, la patada no tardó en llegar. Con Mickey Finn reemplazándolo, Tyrannosaurus Rex entregaba en 1970 su cuarto y último álbum, *A Beard of Stars*, un trabajo más eléctrico, que en cierto modo –y tras acortarse el nombre– anticipaba lo que estaba por llegar.

Folk Rock británico

En la segunda mitad de los años sesenta, la música folk en las Islas Británicas experimentó un tercer renacimiento (tras el primero a finales del siglo XIX y el segundo después de la Segunda Guerra Mundial) que pronto derivaría en lo que por una parte se llamó electric folk (canciones folklóricas interpretadas con instrumentos eléctricos) y por otra y mayormente, en el folk rock británico propiamente dicho.

Hasta entonces muy influenciados por el folk americano, muchos grupos tomaron *Liege & Lief* (1969), el seminal cuarto álbum de Fairport Convention, como piedra de toque para desarrollar un sonido que, partiendo de postulados claramente folkies, añadía ritmos y patrones del rock'n'roll. Eclection, Mr. Fox, Pentangle, Strawbs, Lindisfarne y muchos otros fueron la avanzadilla de un nuevo subgénero que vería aumentar sus filas a principios de los setenta, con numerosos proyectos surgidos a medida que Fairport Convention perdía piezas por el camino: Steeleye Span, Fotheringay, the Albion Band, etc.

Pero pese a que el relato oficial se atiene a estos parámetros, sería incorrecto (e injusto) obviar la importancia de un subgénero anterior, que de forma indiscutible posibilitó que el folk rock en la pérfida Albión viviera esa eclosión y época dorada entre 1969 y 1976. Hablamos, obviamente, del folk progresivo y de su hermano gemelo malvado, el psych folk. Allá por 1966 y en un intento por elevar y/o complicar las reglas del juego de la música folk, una serie de artistas ya andaban enredando primero con la psicodelia (la Incredible String Band, Roy Harper, Marc Bolan, Donovan y su cambio de registro en el magistral *Sunshine Superman*…) así como insuflando jazz, blues y folk de otras latitudes para dotar al folk de un componente prog en la estela de otros pioneros en lo eléctrico, con nombres como Renaissance, Trees, Comus, Dando Shaft, Third Ear Band o Spirogyra. Ambas corrientes fluyeron en discurrir paralelo, en unos años en que la efervescencia artística alcanzó cotas impensables hoy día. Incluso con afluentes todavía más especializados y acotados, como el folk barroco de Bert Jansch y John Renbourn, testigo recogido por otros como Nick Drake o John Martyn o con el folk rock medieval, invento este último en el que no es muy difícil trazar un árbol genealógico que hunde sus raíces en el *Below the Salt* (1972) de Steeleye Span, hasta lo que lleva ya muchos años haciendo el viejo Ritchie en Blackmore's Night; con un esqueje para nada desdeñable en la figura de Amazing Blondel y su revisión –en clave folk– de la música clásica y renacentista.

Como vemos, y como suele ser habitual en la inmensa mayoría de géneros y escenas surgidos alrededor de la música popular, el folk rock británico no deja de ser, resumiendo, un cajón de sastre en el que militó (o se hace militar) a un número de bandas y artistas coetáneos; unidos y/o caracterizados por una serie de elementos comunes, pero a la vez, con características propias y distintivas en muchos de ellos.

¿Tuvo su declive? Por supuesto, como todo hijo de vecino. Hacia finales de los setenta la mayoría de nombres del folk rock británico andaban mostrando un agotamiento creativo considerable, cuando no dando tumbos directamente. Una fragilidad e inconsistencia a la que solo le faltó el vendaval punk para salir volando cual virutas bajo huracán. Resurgiría a mediados de los ochenta –precisa y paradójicamente en connivencia con el punk–, pero de ello nos ocupamos en capítulo aparte. Y pese a que, en el Reino Unido, desde los noventa hasta hoy no han dejado de surgir artistas de folk rock más que interesantes, no ha vuelto a conformarse ni de lejos una escena como la de ese tercer avivamiento.

Amazing Blondel Buscando al Rey Ricardo
Inglaterra, 1969–1977 / 1997–2005

Según la leyenda, un tal Blondel de Nesle –trovador de profesión– decidió allá por 1192 ponerse a buscar al rey Ricardo Corazón de León, tras ser éste apresado por el duque de Austria cuando regresaba a Inglaterra tras haber combatido en las Cruzadas. Al parecer el hombre se presentaba en todos los castillos cantando a voz en grito una canción; la idea era que, al escucharla, el rey prisionero respondiera con el segundo verso de esta melodía y así localizar su paradero. Un astuto plan que, dicen, dio sus fru-

TERRY WINCOTT   EDDIE BAIRD

tos en la fortaleza de Dürnstein. La leyenda, con el tiempo, dio pie a poemas, novelas y demás material hasta llegar a nuestros días. Y de ahí, a bautizar a uno de los grupos más peculiares del folk británico de los setenta.

Y eso que empezaron siendo una banda de rock bajo el apelativo de Methuselah, hasta que el éxito del numerito acústico que insertaban entre shows, hizo que John Gladwin y Terry Wincott decidieran tirar por lo isabelino, añadiendo a Eddie Baird como tercer miembro. Porque eso es, grosso modo, la música de Amazing Blondel: música acústica pseudo-isabelina y/o clásica cantada con acento inglés, en palabras del propio Wincott. Pasando de influencias del rock y el jazz como algunos de sus contemporáneos (véase Jethro Tull, por ejemplo) y manteniéndose puristas al respecto, estuvieron activos entre 1969 y 1977. Un periodo en el que publicaron ocho álbumes, valiéndose de su maestría instrumental a través de artefactos tan arcaicos como la cítara, la flauta dulce, el laúd, la ocarina, la tiorba, la zampoña o el tamboril. Se reunieron en 1997 para separarse –indefinidamente– en 2005.

Bert Jansch|El Jimi Hendrix acústico
Glasgow, 1943– Londres, 2011

Una de las más famosas citas de Bert Jansch es: «las tres únicas personas a las que he copiado en mi carrera han sido Big Bill Broonzy, Davey Graham y Archie Fisher» . Un número exiguo comparado con todos aquellos que le han copiado a él. Porque hablamos de uno de los guitarristas más influyentes –tal vez el que más– del folk rock británico. Alguien a quien el mismísimo Jimmy Page le birló su arreglo de la canción tradicional «Blackwaterside» para enchufarla en el debut de los Zepp, reconvertida y retitulada como «Black Mountain Side». Miembro fundador de Pentangle y socio de John Renbourn, Jansch tuvo una extensa carrera también en solitario, actuando en cierto modo como bisagra entre la vieja guardia y los nuevos valores. Lo consiguió además no centrándose en el folk, sino también –gracias a una preciosista técnica a la guitarra– haciendo incursiones en el jazz y el blues, aparte de ayudar a crear esa entelequia que dio en llamarse «folk barroco».

Precoz en grado sumo (a los 15 años ya daba tumbos por media Europa con la guitarra a cuestas), tras instalarse en el Soho londinense y grabar su debut homónimo en 1965, el culto hacia su figura no hizo sino crecer exponencialmente. Admirado y versionado ya desde ese primer trabajo por colegas de la talla de Richard Thompson, Nick Drake o Donovan, Bert no pararía de grabar en los sesenta y setenta, entregando discos tan imprescindibles como *Jack Orion* (1966), *Birthday Blues* (1969) o *Rosemary Lane* (1971). Retirado con su mujer a una granja tras la disolución de Pentangle, regresaría en 1977 con un nuevo proyecto, Conumdrum aunque buena parte de la década siguiente la pasaría entre brumas alcohólicas. Resucitaría a mediados de los noventa con *When the Circus Comes to Town* (1995); de ahí en adelante recibiría el reconocimiento de industria y compañeros: en 2010 Neil Young lo reclutó de telonero para su gira, y Clapton le invitó a su festival, Crossroads. Pese a ser diagnosticado con un cáncer de garganta, decidió salir de gira en 2011 con una remozada versión de Pentangle, despidiéndose de los escenarios en el Royal Festival Hall.

Comus|El psicótico graznido del céfiro

Londres, 1969–1972 / 2008 – Actualidad

A finales de los sesenta, las drogas corrían por Londres que era un contento. Si a ello le sumamos el momento de inquietud artística que se vivía, la aparición de una banda como Comus no debería extrañar a nadie. Roger Wootton y Glenn Goring, dos estudiantes de arte en la City, pronto pasaron de dúo folk al uso a todo un sexteto que deconstruiría las bases de la música tradicional, perpetrando un sonido entre el rock ácido y el folk progresivo. Bichos raros como eran, no escaparon al ojo inquieto de David Bowie, que los programó como teloneros de uno de sus conciertos londinenses en 1969.

Con *First Utterance* (1971), la banda firmaría uno de los debuts más marcianos de la época. Un disco mayormente acústico, pero para nada bucólico: percusiones balcánicas, delirantes violines y voces excéntricas en una propuesta que, en lo lírico, también iba por libre, tratando temas como la violación, el asesinato, el paganismo y los desórdenes mentales. Un místico artefacto tras el cual la banda sufre una serie de cambios, que propiciarían una segunda e inferior entrega –*To Keep from Crying* (1974)– antes de disolverse definitivamente.

Embarcados en diversos proyectos y otros grupos durante décadas, Comus se reformó en 2008, editando un nuevo álbum en 2012, mezcla de temas nuevos y material inédito antiguo (muy apropiadamente titulado *Out of the Coma*) y manteniéndose más o menos activos desde entonces. Propiciando con ello, además, un renacido culto alrededor de su figura, al que se adhirió una nueva hornada de fans. Fans entre los cuales, por cierto, hay más de un nombre famoso: Mikael Åkerfeldt de Opeth usó un verso del tema «Drip Drip» para titular su tercer álbum *My Arms, Your Hearse* (1998); un año antes, en el disco *Horsey* y al frente de sus Current 93, David Tibet había incluido una versión de «Diana», único single extraído de *First Utterance.* Dios los cría y el freak folk los junta.

Dando Shaft|Un nombre a reivindicar
Coventry (Inglaterra), 1968 – 1973

Originalmente un quinteto, Dando Shaft fue uno de tantos nombres en el contexto del segundo revival folk en el Reino Unido. Las numerosas actuaciones durante su primer periodo, así como ciertas peculiaridades (influencias de la música balcánica, especialmente), les consiguieron un contrato con Young Blood, del que saldría *An Evening With Dando Shaft* (1970). Un debut prometedor, pero a día de hoy, un tanto perdido en las brumas de aquella época. Todo cambiaría, empero, al año siguiente cuando tras trasladarse a Londres, a la formación original compuesta por los dos guitarristas y vocalistas Kevin Dempsey y Dave Cooper, el multi instrumentista Martin Jenkins y la sección rítmica formada por Roger Bullen y Ted Kay se les unió la cantante Polly Bolton. Su voz, limpia y expresiva como pocas, dotó a la banda de un plus que, si bien no les impidió seguir a rebufo de Pentangle y demás nombres mayores, sí les valió la atención de RCA, que les fichó para su subsello Neon. Ello dio pie a la grabación de *Dando Shaft* (1971) un segundo álbum con marchamo de clásico; uno de esos discos que valen por la carrera de todo un grupo. Valgan, como prueba, las numerosas reediciones del mismo a lo largo de los años.

Con todo y con ello, y pese a las buenas críticas, la atención mediática seguía siendo minoritaria. En un nuevo intento para dar el paso a primera división, RCA los recuperó para su matriz y les editó un tercer esfuerzo, *Lantaloon* (1972), que pese a su calidad tampoco consiguió el objetivo. La banda trataría poco después de desmarcarse del folk con el single «Sun Clog Dance», abrazando el rock sin ambages, pero de nuevo pasando mayormente desapercibidos. Ello les llevó, finalmente, a separarse en 1973, con Dempsey y Bolton formando eventualmente un dúo en Estados Unidos, mientras Jenkins se unía a Hedgehog Pie. De una breve reunión en 1977 saldría *Kingdom*, un elepé significativamente más eléctrico, coda a una discografía que solo se vería aumentada con *Shadows Across the Moon* (1993), directo grabado en Bergamo cuatro años antes, durante otra efímera reunión a instancias de un promotor italiano.

Para aquellos que se lo pregunten, por cierto, el nombre del grupo fue tomado del protagonista de la novela homónima, escrita en 1965 por Don Calhoun.

Donovan|El bardo de Glasgow
Maryhill (Glasgow), 1946

Una de las patas en las que se sustenta el folk británico de los sesenta es, sin duda, el escocés Donovan Phillips Leitch, rápidamente considerado el Bob Dylan británico. Su carrera evolucionó de ese sonido folk a otro mucho más lisérgico y psicodélico que ayudó a mitificar su figura. Sus primeras demos son de 1964, aunque saltó a la fama un año después gracias al

programa televisivo *Ready Steady Go!*, lo que le llevó a firmar contrato con Pye Records y publicar en un mismo año sus dos primeros discos, *What's Bin Did and What's Bin Hid* y *Fairy Tales* con canciones que serían clásicas como «Catch The Wind» o «Colours». Con la primera, tremendamente dylaniana, se plantó en el puesto número 4 de las listas de éxitos. Eso sí, en su segundo disco ya empieza a apreciarse cierto alejamiento del sonido que llegaba del Greenwich Village neoyorquino y la introducción de la psicodelia en su música. La prueba del cambio sería *Sunshine Superman*, con el mismísimo Jimmy Page (luego en Led Zeppelin) a la guitarra. El disco fue un auténtico pelotazo y llegó al número 2 en Reino Unido y al 1 en Estados Unidos. No contento con ello repite el año siguiente, 1967, con el también espléndido *Mellow Yellow*. La huella de Dylan parecía, si no borrada, muy difuminada. Repasar su extensa discografía íntegra sería, no solo absurdo e imposible en una ficha así, sino alejado del concepto de la misma pero es conveniente no pasar por alto discos como *Donovan In Concert* (1968), *HMS Donovan* (1971), *Love Only Feeling* (1981), *Sutras* (1996) y *Beat Café* (2004) por coger uno de cada década. Sus canciones han sido versionadas por nombres tan diversos como Vanilla Fudge, Husker Dü, Jewell o Deep Purple. Como anécdota, además, tuvo un papel fundamental en la historia de la música rock de los setenta. Y es que la primera vez que Jimmy Page, John Paul Jones y John Bonham, a la postre Led Zeppelin con la incorporación de Robert Plant, tocaron juntos fue en su canción «Hurdy Gurdy Man» dedicada al Maharishi Mahesh Yogi. Sí, el barbas vestido de blanco con el que los Beatles se fueron a Rishikesh en la India para un retiro espiritual. Por cierto, Donovan también estaba allí.

Fairport Convention | Clásico entre clásicos
Londres, 1967 – Actualidad

Fairport Convention vendrían a ser al folk inglés, lo que los Rolling Stones al rock. Una leyenda, un mito, una institución. Y ello a pesar de que Richard Thompson, Simon Nicol, Ashley Hutchings y Martin Lamble empezaron su andadura con los dos ojos puestos en el otro lado del charco, fuertemente influenciados por Dylan y Joni Mitchell, llegando a ganarse el apelativo

de los «Jefferson Airplane británicos» . Con Judy Dyble e Iain Matthews a las voces grabarían su debut homónimo, pero pronto la entrada de Sandy Denny reemplazando a Dyble cambiaría la orientación de la banda hacia el folk rock electrificado que les haría famosos. Tanto *What We Did on Our Holidays* (1969) como sobre todo *Unhalfbricking* (1969) y *Liege & Lief* (1969) son como los santos evangelios del género en su vertiente británica. En esa época además entraron en el equipo el batería Dave Mattacks y el violinista Dave Swarbrick, sensible aportación esta última al sonido general. La partida de Denny antes de *Full House* (1970) sería el preludio de una década plagada de cambios de formación hasta la disolución de la banda en 1979, pero aun así salpicada de muy buenos trabajos como *Angel Delight* (1971) *«Babbacombe» Lee* (1971) o *Rosie* (1973).

Nicol, Pegg y Mattacks reformarían el combo en 1985, manteniéndose los dos primeros al frente de la nave –girando y grabando– hasta el día de hoy. Siendo desde hace décadas un referente (*Liege & Lief* fue nombrado en 2006 el «álbum de folk más influyente de todos los tiempos» en los Folk Awards de la BBC Radio 2), Fairport Convention nunca han sido una banda de éxitos en el sentido clásico; de hecho, su único single entre los 40 principales fue «Si Tu Dois Partir», una versión en francés del tema de Dylan «If You Gotta Go, Go Now» ¡y hablamos de 1969! Pero su importancia viene dada por otros aspectos; por la incontestable influencia ejercida en numerosos artistas a lo largo de los años y por las posteriores carreras paralelas de no pocos de sus miembros, ya fuera en solitario (especialmente Thompson), ya en otras bandas tan remarcables como Steeleye Span, Fotheringay o la Albion Band.

Fotheringay|Visto y no visto
Londres, 1970 – 1971

Fotheringay puede con-
siderarse una especie de
puente en la carrera de
Sandy Denny, uniendo su
primera –e igualmente efímera– etapa en Fairport
Convention con su pos-
terior carrera ya en solitario. El quinteto, formado
además de ella por dos ex
miembros de Eclection (Trevor Lucas y Gerry Conway) y
otros dos de Poet and the One
Man Band (Jerry Donahue y Pat Do-
naldson), se enfrascó en la grabación de su debut desde el primer momento. *Fotheringay*, editado por Island, contenía un folk rock de manual,
con material mayormente de Sandy junto a un par de versiones: «The Way I
Feel» de Gordon Lightfoot y el «Too Much of Nothing» de Dylan, más la tradicional «Banks of The Nile». Empero, pese a su calidad, el disco no cum-
plió objetivos en lo comercial, ayudando a que Denny tomara la decisión
de volar por su cuenta; en enero de 1971 y durante las sesiones para el
nuevo disco, Fotheringay dejaron de existir. No así las canciones para ese
segundo álbum, ya que algunas de ellas encontrarían una segunda vida
tanto en *The North Star Grassman and the Ravens* (1971), debut de Sandy
en solitario, como en el *Rosie* (1973) de Fairport Convention, donde habían
ido a recalar por un tiempo Lucas, Conway y Donahue.

John Martyn|El escocés que vino de Inglaterra
Londres, 1948–2009

Aunque inglés de nacimiento, John Martyn se crió en Escocia. Muy pronto
decide cambiar su nombre real, Ian David McGeachy, por el que sería su

nombre artístico, en honor a las guitarras Martin. En 1967 Chris Blackwell lo descubre y lo ficha para Island Records, convirtiéndose en el primer cantante blanco de la discográfica y donde editará su debut, *London Conversation*, un disco de folk con algo de blues y soul. Cuando se casa con Beverly Martin, monta con ella un dúo que también tendrá resultados discográficos. Fuertemente influido por Nick Drake y su música, le dedicará un disco en 1973, en el que se acerca a postulados jazz. Drake no solo era su ídolo, sino también su amigo, al igual que Paul Kossof, guitarrista de Free. La muerte de ambos le lleva a marcharse a Jamaica donde pasará un año sabático, tras el que grabará el disco *Burning Spear* en 1976. A su vuelta empieza a trabajar junto a su colega Steve Winwood, y eso dará como fruto el disco *One World*. Su alejamiento definitivo del folk llega con su amistad con Phil Collins que en los ochenta lo llevarán a un pop mucho más comercial. Tras sufrir problemas de salud durante toda su vida, en buena parte debidos a su abuso de drogas y bebida (que llevó incluso a que le amputaran una pierna en 2003), fallece en 2009, poco después de que le fuera concedido el título de Oficial de la Orden del Imperio Británico.

John
Renbourn|Patriarca

Londres, 1944

El nombre de John Renbourn siempre irá asociado a Pentangle, aunque su carrera en solitario se desarrolló igualmente de forma anterior, paralela y posterior a la de la mítica banda. Maestro de la guitarra, su noción del folk abarcaba desde la música medieval y renacentista hasta el jazz y el blues; buena muestra de ello, son dos de sus discos de finales de los se-senta, *Sir John Alot* (1968) y *The Lady and the Unicorn* (1970).

Antes de ello, no obstante, ya había dado un gran paso en su trayecto-ria en 1963 al formar equipo –como hemos visto– con otro virtuoso de la guitarra, Bert Jansch. Ambos desarrollaron un complejo estilo a las seis cuerdas, eventualmente llamado folk barroco; véase su álbum de 1966, *Bert and John*, al respecto. Estudioso hasta la erudición, Renbourn si-guió grabando durante casi toda su vida, ofreciendo siempre un material de altísima calidad (apunten *A Maid in Bedlam*, del 77, como otro de sus títulos imprescindibles) y colaborando con músicos de la talla de Stefan Grossman, Duck Baker o Robin Williamson entre muchos otros, hasta su fallecimiento en 2015.

Lindisfarne|Ilustres veteranos

Newcastle upon Tyne, 1968 – Actualidad

Localizada al norte de Gran Bretaña, Lindisfarne es una isla cuyo monaste-rio recibió, el 8 de junio del año 793, una visita un tanto incómoda por parte de los daneses. Tras la masacre y el saqueo preceptivos, la fecha quedó instaurada como el inicio de la llamada Era Vikinga. Once siglos y pico des-pués, una serie de músicos descendientes de aquellos sajones decidirían bautizar a su banda homenajeando el lugar.

Nacidos como Brethren pero pronto renombrados, y fichados al poco de su formación por el prestigioso sello Charisma, su prístino folk rock cristalizó en unos primeros discos imprescindibles para entender el géne-ro: *Nicely Out of Tune* (1970), *Fog on the Tyne* (1971) y *Dingly Dell* (1972) no pueden faltar en cualquier colección que se pretenda mí-nimamente seria. Y si alguien cree que exa-geramos, baste señalar que el segundo de ellos fue el álbum más vendido en el Reino Unido en 1972, ahí es nada.

Habituales de los festivales seten-teros y tras un pequeño impasse a mediados de década, la formación ori-

ginal (Alan Hull, Ray Jackson, Ray Laidlaw, Rod Clements y Simon Cowe) se reuniría para continuar adelante durante las décadas siguientes; atrayendo además a toda una nueva generación de fans al revisitar su tema «Fog on the Tyne» a medias con el futbolista Paul Gascoigne. El tema, de chanante portada (y contra) y acreditado a Gazza and Lindisfarne, llegó al número dos en las listas de singles británicas. Tras la muerte de Hull en 1995, el resto de miembros siguió adelante hasta 2004. Desde entonces, diversos inventos con formación cambiante han visto la luz hasta el día de hoy (Lindisfarne Acoustic, The Lindisfarne Story), preservando el legado de una gran –y todavía muy desconocida– banda.

Loudest Whisper|Los niños de Lir y otras leyendas

Fermoy (Irlanda), 1970 – Actualidad

Liderados por Brian O'Reilly, Loudest Whisper (un nombre escogido para definir sus dos vertientes, la folk y la heavy, en sus propias palabras) derivan de un grupo anterior, The Wizards. Un combo de versiones beat y heavy blues que con el cambio de década cambió de formación, nombre y trayectoria.

O'Reilly, influenciado por el folk rock de bandas yankis como The Lovin' Spoonful o The Mamas & The Papas, inauguró los setenta explorando su propio folclore. Interesado particularmente en una antigua leyenda irlandesa llamada Oidheadh Chloinne Lir, en 1972 compuso un musical basado en ella. La producción se estrenó en 1973, cosechando un notable éxito, generando una gira y con ella el interés de la división

irlandesa de Polydor, con quien firmarían un contrato. A principios de 1974, el grupo grabó su álbum debut, *The Children of Lir*, una adaptación del musical, con Leo O'Kelly de Tír na nÓg como productor. Sin embargo, el álbum fue rechazado por Polydor en el Reino Unido y terminó siendo lanzado solo en Irlanda y en una

edición limitada de unas quinientas copias. A continuación, O'Reilly escribiría dos nuevos musicales (*Perseus* y *Maiden of Sorrow*) mientras la banda iba grabando una serie de sencillos, recopilados junto a nuevo material en su segundo disco, *Loudest Whisper* (1980). Tan solo *Hard Times* (1982) vería la luz antes de la disolución de la banda a finales de la década.

Sería con el fenómeno Riverdance en 1994 cuando O'Reilly decidió volver a poner en escena su obra maestra, al tiempo que la grabación original de 1974 era editada por primera vez en CD en el Reino Unido a través de Kissing Spell, sello que al año siguiente también lanzaría una interpretación en vivo de *Maiden of Sorrow* grabada en 1975. A partir de entonces la banda ha ido actuando y grabando de forma muy intermitente, siempre con *The Children of Lir* como eje de su nombre y su reputación. De hecho, el LP original de esta obra maestra del folk rock se ha convertido en uno de los discos más buscados en Irlanda y forma parte de la lista de los 100 discos más raros del mundo. Si algún día lo encuentran, preparen la chequera.

McGuinness Flint|Lo que pudo haber sido y no fue
Londres, 1970–1975

Cuando Tom McGuinness y Hughie Flint decidieron juntar fuerzas en 1970, no llevaban poca mili a sus espaldas. El primero se había doctorado como guitarrista y bajista en las filas de Manfred Mann, mientras que el segundo venía de tocar la batería a las órdenes de John Mayall. Credenciales más que de lujo, que se completarían con el fichaje del cantante y teclista Dennis Coulson, y los multiinstrumentistas Benny Gallagher y Graham Lyle.

Los cinco debutaron con el single «When I'm Dead and Gone» (directo al 2 del Billboard) y un espléndido primer elepé homónimo, que igualmente se coló en el Top 10 de las listas de álbumes del Reino Unido. Las cosas no podían empezar mejor, pero pronto se torcieron. Tras un segundo single igualmente exitoso («Malt and Barley Blues»), la banda se sentiría muy presionada por la compañía, al tiempo que una serie de enfermedades les obligaban a cancelar la mayor parte de la gira de promoción del disco. Todo ello derivó en un cisma: Flint, McGuinness y Coulson querían centrarse en girar, mientras que Gallagher y Lyle abogaban por aparcar el directo y centrarse en escribir y grabar.

La poca repercusión de su segundo trabajo, *Birthday Ruthy Baby* (1971), fue la gota que propició el abandono de Gallagher y Lyle, conformando un dúo por su cuenta. Los otros tres siguieron adelante, reclutando al bajista Dixie Dean y grabando *Lo and Behold* (1972), un magnífico disco de versiones de Dylan (la mayoría procedentes de su ubérrima etapa junto a The Band en 1967, y por aquel entonces todavía inéditas), editado bajo el apellido de los cuatro. Pero poco después Coulson también saltaría del barco, dejando al dúo original con músicos de reemplazo y dos discos más: *Rainbow* (1973) y *C'est la Vie* (1974) que podemos calificar de discretos, siendo generosos. No daba pues mucho más de sí el invento, con lo que la disolución del grupo en 1975 no sorprendió a mucha gente. La mayor parte de sus miembros seguirían adelante en diversos proyectos, pero como dice el tópico, eso es otra historia.

Midwinter|Efímeros pero seminales
Yarmouth (Inglaterra), 1972

Midwinter es una de esas bandas que los libros de historia gustan de llamar seminales. Su corta trayectoria, precursora de lo que más tarde sería la banda de folk rock Stone Angel, empezó prácticamente por accidente. Corría diciembre de 1972, cuando los guitarristas Paul Corrick y Ken Saul fueron invitados a tocar en la fiesta de Navidad del

club de folk de Great Yarmouth. Con tan solo una versión instrumental de «God Rest Ye Merry Gentlemen» en el repertorio, decidieron invitar a la cantante Jill Child para formar un trío e, inspirándose en las leyendas y el folklore local, ampliar un poco más su paupérrimo set list con material propio.

La respuesta fue tan buena que la banda se dedicó a actuar en clubes y festivales durante dos años, hasta acumular material suficiente para grabar una maqueta durante el verano de 1973, en los Gt. Yarmouth Sound Studios. Sin embargo, poco después Gill renunciaría para irse a la universidad y la banda se separó tras un concierto de despedida en septiembre de 1974. Corrick y Saul formaron entonces los mencionados Stone Angel junto a Mick Burroughes y Dick Cadbury (base rítmica invitada en las sesiones de la maqueta), ampliando sus postulados a un folk rock de renovada factura.

La historia pareció acabar ahí hasta que veinte años más tarde, rebuscando entre las típicas porquerías y cachivaches en el ático de casa, Saul encontró por casualidad las cintas maestras de la vieja demo de Midwinter. El sello Kissing Spell, especializado en reediciones de oscuras grabaciones folk rock se mostró interesado, y en 1993 veía la luz *The Waters of Sweet Sorrow*. Compuesto por un folk de aliento místico y frágil factura, comandado por la voz límpida y etérea de Jill, el disco no rehúye puntuales momentos eléctricos, pero descansa mayormente en una amplia variedad de instrumentos acústicos: el arpa de boca, la flauta dulce, el arpa automática, el dulcémele, el banjo, la guitarra acústica y el violín, entre otros. Un trabajo tan bucólico, tan anclado en el pasado ideal de aquella «vieja Inglaterra», que alguien dijo una vez que sonaba como si se hubiera grabado en 1650. Ciertamente, no cuesta mucho imaginarse a Oliver Cromwell relajándose en su tienda con estas canciones, tras ganar la batalla de Dunbar.

Nick Drake|Cuando termina el día

Rangún (Birmania) 1948 – Warwickshire (Inglaterra) 1974

Nicholas Rodney Drake fue un artista de una sensibilidad especial, única. A su melancólica voz y su virtuoso estilo a la guitarra, usando a menudo afinaciones abiertas y un buen número de arpegios se les unía un talento

compositivo fuera de lo común. Sus tres discos editados en vida con Island Records –*Five Leaves Left* (1969), *Bryter Layter* (1970) y *Pink Moon*
(1972)– así lo atestiguan, aunque la miopía de crítica y público al respecto,
en su momento fue sangrante.

Sensible e introvertido hasta lo patológico, el joven Nick abandonó los
estudios universitarios para dedicarse a la música, consiguiendo un contrato a través de Joe Boyd que se plasmaría en un primer elepé absolutamente magistral: «Time Has Told Me», «River Man», «Day is Done», «Saturday Sun»… son temas que incluso en una etapa tan saturada de grandes
obras en el folk y el pop deberían haber llamado mucho más la atención.
No fue así, ni lo sería tampoco con su segundo trabajo, igualmente repleto de canciones magníficas. De ambos, especialmente de este último, re-
negaría el artista al considerarlos sobreproducidos, recargados de unos
arreglos con los que se sentía incómodo. Reacio además a presentarlos
en directo (tras unas pocas y frustrantes primeras experiencias con el público sumadas a su miedo escénico) y a cualquier tipo de acto promocional, empezó a acusar todavía más la depresión y el insomnio que llevaba
tiempo sufriendo. Aun así, consiguió convencer a su discográfica para una
tercera intentona: *Pink Moon*, grabado solo con guitarra acústica durante dos noches de octubre en 1971 fue su canto del cisne. Apenas media
hora de mágica desolación, tras la cual se recluye en casa de sus padres
en Warwickshire. Aunque su salud mental seguía siendo muy frágil, volvería al estudio en 1974 con la intención de grabar un cuarto disco, pero
a finales de año una sobredosis de amitriptilina, un tipo de antidepresivo
que tenía recetado, terminó con su vida. Nunca quedó del todo claro si fue
accidental o si realmente pretendía suicidarse, pero el resultado es que la

música popular perdió a uno de sus talentos más incomprendidos. Con el tiempo, su figura fue revalorizándose, se compiló su obra en la caja *Fruit Tree* y, progresivamente, nuevas generaciones de oyentes y de artistas reivindicaron su legado hasta convertirle en uno de los músicos de culto más importantes de la Historia.

Pentangle|Los cinco vértices de una leyenda

Londres, 1967–1973 / 1981– Actualidad

En el momento en que Pentangle se formó, todos sus miembros llevaban ya bastante mili a sus espaldas. John Renbourn y Bert Jansch tanto en solitario como dúo, la cantante Jacqui McShee como habitual del circuito folk y la jazzística sección rítmica compuesta por Danny Thompson y Terry Cox venía de tocar en los Nucleus de Duffy Power y anteriormente con la banda de Alexis Corner. Una selección de lujo que pese a su corta carrera (apenas seis años en su etapa clásica) se convirtió en uno de los puntales del folk rock británico junto a Fairport Convention.

Estrenando por partida doble su discografía con un primer álbum homónimo, seguido de *Sweet Child* (ambos en 1968), su obra magna llegaría al año siguiente con *Basket of Light*. Tanto el álbum como el hit single ex-

traído del mismo (el clásico «Light Flight») llevaría a la banda a su pico de popularidad, especialmente después de que el sencillo fuera usado como tema de la popular serie de la BBC *Take Three Girls*.

De lo más alto se estrellarían con el siguiente disco, el más que reivindicable *Cruel Sister* (1970), basado íntegramente en canciones tradicionales. Los siguientes *Reflection* (1971) y *Solomon's Seal* (1972), pese a ser más que notables, tampoco recuperaron el favor del público, al menos masivamente; por su parte, el ambiente en la banda ya estaba enrarecido por presiones de las giras y demás tópicos. Con la marcha de Jansch el día de Año Nuevo de 1973, Pentangle echó el cierre.

A principios de los ochenta la banda se reformaría con la mayoría de miembros originales, grabando varios discos más y cayendo varios de ellos, a lo largo de la década y hasta mediados de la siguiente, hasta quedar solo Jacqui con los reemplazos (entre ellos figuras como Gerry Conway o Alan Thomson), hasta el día de hoy.

Richard Thompson|Oficial de la Orden del Imperio Británico

Londres, 1949

La carrera de Richard Thompson como artista solista, al margen de su participación como miembro de los imprescindibles Fairport Convention merece una ficha aparte. En 1971, tras abandonar la banda, y editar un incomprendido *Henry the Human Fly* enfoca sus esfuerzos al proyecto que pone en marcha junto a su esposa Linda, en 1974 y que le llevó a publicar siete discos hasta su divorcio, sentimental y profesional, en 1982. Su debut se produce con *I Want to See the Bright Lights Tonight* en 1974 y su último disco será *Shoot Out the Lights*, elegido por Rolling Stone como uno de los

mejores cien álbumes de los ochenta. Un álbum que narra el proceso de descomposición de la pareja, y que el músico asegura fue escribiendo mientras este se producía. En él, Thompson añade a su habitual pericia instrumental una capacidad lírica aplastante, aspecto que ya había ido mostrando a lo largo de toda la carrera del dúo. En solitario tendría que sacar hasta cuatro álbumes más para ser reconocido como merecía. Sería con *Amnesia*, en 1988, vendiendo la discreta cifra, aunque importante para él, de 1000.000 copias. No sería, eso sí, hasta *Rumor And Sigh* (1991) que entraría en las listas británicas en el puesto 32. Y eso que a posteriori, todos los álbumes de Thompson han sido considerados de una calidad innegable. No en vano hablamos de uno de los auténticos padres del folk rock británico. Para comprobarlo no hay más que hacerse con la caja recopilatoria *Watching the Dark – The History of Richard Thompson* con hasta 47 temas en tres discos, con temas inéditos grabados entre 1969 y 1972. Richard Thompson ha seguido editando álbumes y mostrando en directo el por qué merece ser considerado uno de los más grandes.

Sandy Denny|En busca del tiempo perdido

Merton Park (Londres), 1947 – Wimbledon, 1978

Siguiendo la infausta leyenda del rock'n'roll, Alexandra Elene MacLean Denny vivió a toda mecha y murió joven. No era la música del Diablo, empero, por la que pasaría a la Historia, sino el folk rock que ayudó a definir gracias a una voz única y a una carrera tan errática como repleta de momentos álgidos. Y es que hablamos de alguien que en 1967 ya grabó un álbum con Strawbs (lanzado tardíamente en 1973) en el que incluyó una primeriza versión de su tema más emblemático, «Who Knows Where the Time Goes?» para al año siguiente entrar en Fairport Convention y dejar para

la posteridad tres trabajos clásicos como son *What We Did on Our Holidays, Unhalfbricking* y *Liege & Lief*, los tres publicados en 1969. Los dejaría, como ya hemos visto, para formar Fotheringay en 1970 junto a Trevor Lucas, guitarrista australiano con quien protagonizaría un matrimonio de lo más tormentoso, aunque disolvería la banda tras el primer disco para seguir una carrera en solitario que dejaría cuatro álbumes más, entre 1971 y 1977. No dejaría de protagonizar, asimismo, reapariciones con Fairport y proyectos paralelos como The Bunch, amén de numerosas colaboraciones; alguna de campanillas, como la que le juntó con Robert Plant en «The Battle of Evermore».

Pero su ritmo de vida era tan vertiginoso como autodestructivo. Le daba al alpiste y a la coca de lo lindo, sufría de constantes depresiones y tenía la estrambótica costumbre de lanzarse escaleras abajo allá donde encontrara unas, acumulando fracturas y heridas por doquier. Parir una niña no la ayudó a centrarse (las crónicas hablan de que se la solía dejar olvidada en el pub, o en el coche frente al pub) hasta que finalmente, en 1978, su cuerpo dijo basta. Con su desaparición, el folk rock inglés perdió una de sus más propias y brillantes voces, si no la mejor.

Steeleye Span | Cuando Maddy plantó su semilla

Londres, 1969–Actualidad

Aunque hagan poquita cosa, las redes aseguran que Steeleye Span continúan en activo. Lo hacen con una formación integrada por Maddy Prior, Andrew Sinclair, Roger Carey, Liam Genockey, Julian Littman, Jessie May Start y Benji Kirkpatrick. De hecho, en 2017 aún publicaban el álbum *Dodgy Bastards*. Teniendo en cuenta que su actividad se inicia en 1969, y que es una de las bandas que junto a Pentangle o Fairport Convention definieron el folk

rock en Reino Unido, el dato es como para tenerlo muy en cuenta. Y es que además, estaban y están liderados por Maddy Prior, junto a Sandy Denny, las dos grandes reinas del estilo en las islas británicas. En 1970, con una multinacional como RCA firman el seminal *Hark! The Village Wait*, un disco cargado de temas tradicionales arreglados por la banda considerado iniciático en el folk rock británico. Eso sí, su éxito, como sí sucedió en otros casos, no sería ni mucho menos fulgurante. Tendrían que esperar a su octavo álbum, *All Around My Hat* (1975) y ya con muchos cambios de formación a cuestas para meterse en el puesto número 7 de las listas de ventas en Reino Unido. Ni siquiera les había servido que en su séptimo trabajo, *Now We Are Six*, la producción corriera a cargo de Ian Anderson de Jethro Tull ni que apareciera David Bowie tocando el saxo. Curiosamente fueron de los que llegaron a la cima y rápidamente empezaron a bajarla, ya que *Rocket Cottage* (1976) los hace bajar varios peldaños. La llegada del punk fue el último clavo de su ataúd mediático. El grupo se dispersa, empiezan a grabar en solitario, aunque sin dejar de volver regularmente a su trabajo grupal.

Strawbs|Los inicios folk rock de un clásico progresivo
1964, Twickenham, Londres, Inglaterra

Liderados por Dave Cousins, Strawbs nacieron como banda de bluegrass bajo el nombre de The Strawberry Hill Boys, hasta que en 1967 acortaron su nombre al tiempo que, con Sandy Denny momentáneamente en sus filas, grababan un primer disco en Dinamarca que quedaría inédito hasta mediados de los setenta. Tras la marcha de Denny firmaron para A&M Records y grabaron su debut homónimo en 1969, en el que ya mostraban su característico sonido de la época, añadiendo tintes progresivos al folk rock. En los siguientes *Dragonfly* (1970), el directo *Just a Collection of Antiques and Curios* (1970) *From the Witchwood* (1971) y *Grave New World* (1972) continuarían por dicha senda hasta que, con la llegada de Dave Lambert, pasaron a endurecer su sonido y decantarse abiertamente por el prog, género al que aportaron diversos títulos de enjundia.

Tras un hiato entre 1980 y 1983, la banda regresaría, aunque con un perfil bajo hasta casi fin de siglo, cuando en formación de trío acústico

(Cousins, Lambert y Brian Willoughby) grabaron el disco *Baroque and Roll* (2001), puntual retorno a su primera filiación folk rock antes de volver por sus fueros.

The Albion Band|Más que un grupo, una institución
Inglaterra, 1971– Actualidad

Cuando hablamos de The Albion Band, el concepto clásico de banda se queda dramáticamente corto. Vehículo de expresión de Ashley Hutchings (asimismo miembro fundador de dos pilares del folk rock británico como son Fairport Convention y Steeleye Span), por sus filas ha pasado la flor y nata del género en múltiples y distintas formaciones. Más de sesenta músicos así, a ojo.

Formada en abril de 1971 como The Albion Country Band, con el propósito de servir de banda de acompañamiento a su entonces esposa Shirley Collins durante la grabación del disco *No Roses*, el baile de miembros empezó justo terminar el álbum. De esa primera época queda también *Battle of the Field*, un segundo disco editado tardíamente en 1976. Por entonces Hutchings había ya remodelado la banda, centrándose en la música de baile tradicional y rebautizándola como The Albion Dance Band. En 1978

el nombre fue acortado a The Albion Band y grabó el que está considerado uno de sus mejores trabajos, el álbum *Rise Up Like the Sun*
(1978). Iniciados los años ochenta,
Hutchings ya había convertido a The
Albion Band en una especie de escuela-
taller, un auténtico laboratorio de ideas que
iba a llevar el folk rock, a través de las décadas
siguientes, a distintas cotas de excelencia, y a disco por año prácticamente. Incluyendo otra encarnación intermitente, entrando en el nuevo milenio, para ponerse invernales cuando el cuerpo les pide Navidad: la Albion
Christmas Band, que así a lo tonto lleva ya cinco discos de estudio y un
directo, recopilatorios aparte. Y es que meterse en el mundo de The Albion
Band requiere un año sabático, mínimo. Su discografía, como la lista de
sus distintas formaciones, es kilométrica.

The Incredible String Band|Psicodelia
británica mal avenida
1966–1974/1999–2006, Edimburgo (Escocia)

En el año 2000, el trío original de fundadores de la Incredible String Band,
Mike Heron, Robin Williamson y Clive Palmer se reunieron, tras haberse
separado en 1974, para girar juntos. Poco duró la aventura y Williamson
abandonó muy pronto a unos compañeros con los que había escrito algunas de las páginas de oro del folk rock británico. Algo parecido a lo que
pasó tras su debut, un disco homónimo publicado por Elektra en 1966 y
tras cuya publicación, Clive cogió la puerta y se largó a estudiar música
oriental en Afganistán. Y es que los tres eran grandes amantes de cualquier sonido folklórico, ya fueran los sonidos del Este, las gaitas celtas o
la psicodelia. Esta es la que domina en su segundo disco, firmado por el
dúo restante bajo el título de *The 5000 Spirits or the Layers of the Onion*
(1967), donde también está muy presente todo lo oriental. Aunque el do
de pecho lo darían con su tercer trabajo, recibido de manera impactante
por la crítica, *The Hangman's Beautiful Daughter* (1968) con su mezcla de

folk, psicodelia y música celta en su máxima expresión. Eso y sus siguientes pasos los llevaron al festival de Woodstock, aunque sus seguidores se vieron defraudados con su quinto disco, *Changing Horses* (1969), bastante inferior a los anteriores. Aunque siguen juntos, en 1971 Mike Heron debuta en solitario y un año después lo hace Robin Williamson. Tras grabar juntos *Hard Rope & Silken Twine* (1974), se separan, y aunque lo intentarán de nuevo en los 2000, la cosa no acabará de cuajar.

Third Ear Band|Músicas del mundo
Canterbury, 1968

Puede que su nombre se haya perdido entre las brumas del tiempo, pero en su tiempo lo tuvieron: abrieron para los Rolling Stones en el famoso concierto de Hyde Park en julio de 1969, y tocaron en el segundo Festival de la Isla de Wight al mes siguiente.

Conocidos primero como The Giant Sun Trolley y más tarde como The Hydrogen Jukebox, cuenta la leyenda que al término de un concierto en Londres les birlaron casi todo el equipo, lo que les forzó a convertirse en una banda acústica, rebautizándose de nuevo.

Ya como Third Ear Band, grabarían *Alchemy* (1969), un primer disco que les colocó, con el tiempo, como precursores de lo que vendría en llamarse *world music,* a través de un sonido transcultural que bebía tanto del rock y del jazz como del folk europeo y la música tradicional hindú. Un primer esfuerzo que vendría refrendado por un segundo disco homónimo al año siguiente, considerado su mejor obra. Un disco raga/étnico y experimental, un puro viaje a través de paisajes imaginarios. Aun así, puede que el título por el que más se les recuerde a día de hoy, sea *Music from Macbeth* (1972), banda sonora para la película de Roman Polanski, en la que introdujeron –junto a su habitual coctel de folk planetario– unas lógicas y más que adecuadas sonoridades medievales.

Tras un largo hiato y con nueva formación, la banda grabaría el disco *Live Ghosts* en 1988, seguido de *Magic Music* (1990), *Brain Waves* (1993) y *New Age Magical Music* (1997), todos ellos añadiendo arreglos electrónicos a su sonido clásico.

Tír na nÓg|Cuando el tiempo se detiene
Dublin, 1969–1974 / 1985 – Actualidad

En la mitología irlandesa, Tír na nÓg –o Tierra de la Juventud– era una isla donde los Tuatha Dé Danann (antiguos dioses convertidos en reyes y héroes) residieron tras abandonar Irlanda. Según dichos mitos, el tiempo en la isla transcurre de manera muy diferente al de los demás lugares, pareciendo detenerse. Un nombre de lo más adecuado (y un apunte cultureta para tertulias de frikis, que nunca está de más) para la música –tan bella como atemporal– que crearon Leo O'Kelly y Sonny Condell, dos músicos de la Isla Esmeralda, a finales de los sesenta y primeros setenta.

Tras unas pocas y más que anecdóticas experiencia previas, ambos coincidieron en Dublín en 1969, formando un dúo y viajando a Londres, donde se integraron sin problemas en el circuito de clubs de folk. Al poco fichan para el recién creado sello Chrysalis y entran a grabar un primer disco en el que dan rienda suelta a unas canciones fuertemente arraigadas en la tradición celta con la que habían crecido. *Tír na nÓg* (1971), –álbum del mes de mayo en Melody Maker– es un pequeño clásico del folk rock de los setenta, un disco basado en limpias armonías vocales y en unos inusuales patrones de guitarra, a menudo combinando afinaciones abiertas distintas. Un complejo estilo a las seis cuerdas que les emparentaba con contemporáneos como Nick Drake o la Incredible String Band; músicos de oblicua creatividad, avanzados a su tiempo en cierto modo.

Su segundo álbum, *A Tear and a Smile* (1972), continuaba en la senda de su debut, y no sería hasta el tercer intento, *Strong in the Sun* (1973)

cuando darían un cierto giro de ti-
món, incorporando batería y más
instrumentos eléctricos al cuerpo de sus temas. Producido por
Matthew Fisher, teclista de Procol
Harum, el último disco de Tír na
nÓg ganó músculo, pero a la vez,
se arrimó también a una cierta con-
vencionalidad. No deja de ser un gran
trabajo, como los dos anteriores, aunque no

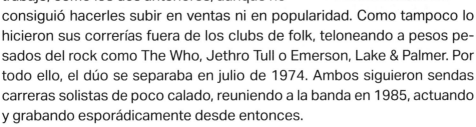

consiguió hacerles subir en ventas ni en popularidad. Como tampoco lo
hicieron sus correrías fuera de los clubs de folk, teloneando a pesos pe-
sados del rock como The Who, Jethro Tull o Emerson, Lake & Palmer. Por
todo ello, el dúo se separaba en julio de 1974. Ambos siguieron sendas
carreras solistas de poco calado, reuniendo a la banda en 1985, actuando
y grabando esporádicamente desde entonces.

Trees|Objeto de culto
Londres, 1969–1973

Trees es otra de esas bandas de los primeros setenta cuya corta trayectoria y su escaso material discográfico no han sido óbice para adquirir, con
los años, un culto creciente entre los aficionados al folk rock. En su caso,
a las clásicas influencias de contemporáneos como Fairport Convention,
la Incredible String Band, Dan Hicks de los Hot Licks o Martin Carthy entre
otros, se añadía cierta psicodelia típica de la Costa Oeste, lo que derivó en
dos trabajos –especialmente el primero– en los que sobrepasan la duración habitual de los temas folk, añadiendo estructuras progresivas y unas
inconfundibles guitarras ácidas por encima de lo acústico.

Con la preciosa voz de Celia Humphris como motor en lo lírico, y las
guitarras de Barry Clarke y David Costa en lo musical, tanto el bajo de
Bias Boshell (principal compositor a su vez) como los tambores de Unwin
Brown no se limitaban al mero sustento rítmico, sino que interactuaban
con el resto, en muchas ocasiones, como instrumentos principales.

Su primer disco, *The Garden of Jane Delawney* (1970), compuesto por
temas propios y adaptaciones de otros tradicionales en igual medida, se-

ría un perfecto ejemplo que ofrecer a cualquiera que nos pregunte qué es eso del folk progresivo. Una pregunta que no suele salir habitualmente en las conversaciones, cierto es, pero nunca se sabe. Así que mejor estar preparado. El tema homónimo, por cierto, ha sido versionado en numerosas ocasiones en directo por otros artistas, e incluso algunos lo han incluido en algunas de sus grabaciones.

En enero de 1971 vería la luz *On The Shore*, segundo y último trabajo, en el que tal vez ponen un poco más de peso en el brazo folk de la balanza en detrimento de lo progresivo, pero que en cualquier caso sigue sonando tan elaborado y personal como el primero. Para el anecdotario del folk rock queda esa enigmática portada, encargada al mítico Storm Thorgessen, capo de Hypgnosis, con una niña que resultó ser la hija de Tony Meehan, ex batería de los Shadows.

Al poco de editarse *On The Shore*, Boshell y Brown abandonarían la nave. Seguirían adelante un tiempo más con Barry Lyons y Alun Eden como reemplazos, pero pese a tener detrás a una compañía del peso de CBS, el éxito les seguía rehuyendo, así que en 1973 deciden separarse definitivamente.

Tudor Lodge|Música para los jardines de palacio
Reading (Inglaterra), 1968–1971

Ejemplo perfecto del clásico trío folk de finales de los sesenta, Tudor Lodge dieron sus primeros pasos, eso sí, como dúo. John Stannard y Roger Strevens se dieron a conocer en el circuito de clubs de folk del sur de Inglaterra hasta que en 1969 Lyndon Green reemplazó a Strevens para, no mucho después, incorporar a la cantante y flautista americana Ann Steuart.

Fogueados en los clubes de Londres junto a nombres como Mike Cooper, Al Stewart o John Martyn, a finales de 1970 consiguen un contrato con Vertigo y graban su primer disco, homónimo. Haciendo honor a su nombre, el álbum contiene diversas referencias al pasado, al tiempo que propone un folk rock característico de la época: idealismo hippy, esencias pastorales y una destreza instrumental que los acerca por momentos al prog folk de gente como Spirogyra y demás familia.

Tuvieron su momento a partir de entonces, llegando a tocar en el Cambridge Folk Festival y otros certámenes de renombre, pero nunca llegaron a dar el salto al siguiente estado. Demasiadas giras y poca pasta, la historia de tantas bandas. En consecuencia, Steuart saltó del barco a finales de 1971. Una gira de mes y medio por los Países Bajos, ya contratada con anterioridad, la salvaron incorporando a Linda Peters. Pero cuando, terminado el tour, Peters los dejó para seguir carrera junto a Richard Thompson, Tudor Lodge llegó a su fin. ¿Definitivamente? Bueno, no del todo. Diez años más tarde, en 1981, Steuart, Green y Stannard coincidieron de nuevo en un show de reunión, y los dos últimos decidieron resucitar a la banda, fichando a Lynne Whiteland como tercera pata. Nada especial que reseñar al respecto, no obstante.

Lo que sí cabe señalar es que las copias originales de su disco (una preciosa edición con la carpeta desplegable) se cotizan a precios demenciales. En discogs, la oferta más económica sale por 750 euros, envío aparte. Y de ahí para arriba. Por suerte para aquellos lectores que quieran adquirirlo y no sean multimillonarios, *Tudor Lodge* ha sido reeditado tanto en vinilo como en CD en numerosas ocasiones.

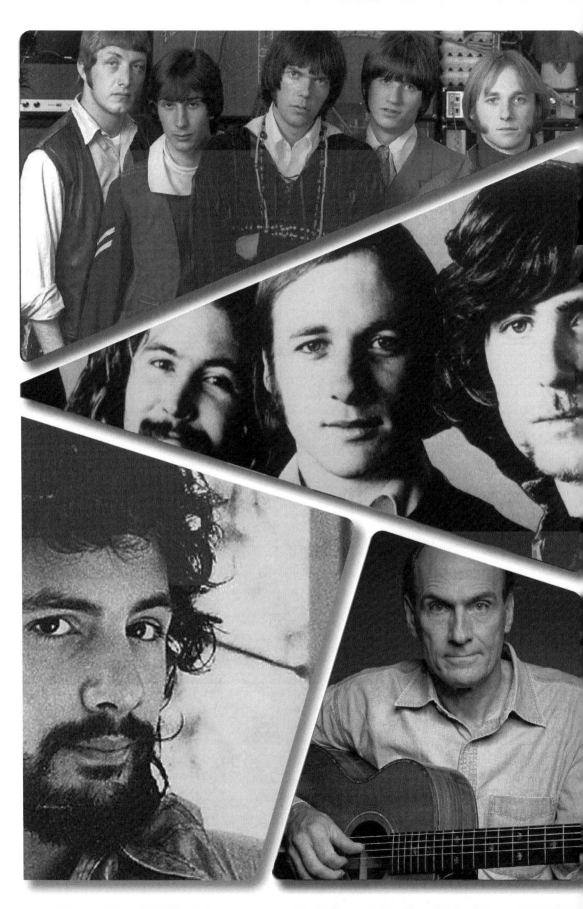

Folk y country folk de los setenta

Y alguien dirá ¿qué narices hacen los Eagles, por ejemplo, en un libro de folk rock? Esta pregunta, extensible a más de la mitad de nombres que aparece en este libro, demuestra lo complicado de establecer los límites del folk rock. De entrada, si miramos la no siempre acertada Wikipedia, nos encontramos con que son calificados así, junto a otros géneros que se les atribuyen como rock, country rock y soft rock. Pero no será esa tan banal excusa la que utilizaremos nosotros. Desde aquí, este par de viejales barbudos optamos por pensar que los Eagles, a ratos, podían tener tanto de folk rock como otros menos discutibles, llámense Buffalo Springfield o The Byrds. Buena parte de sus canciones son acústicas, basadas en la tradición, y entre sus influencias citan a artistas de folk. Además, nos van de lujo para sacar el famoso tema de la poco evidente línea que separa el folk rock del americana, cosa a la que volveremos cuando hablemos de los años noventa. Difícil establecer cuando bandas como las citadas, Linda Ronstadt, Emmylou Harris o Gram Parsons, por citar a algunos, estaban haciendo folk rock o country rock, sinónimo parece ser de americana. Más clarinete suele estar con nombres como Townes Van Zandt, pero solo porque el amigo Townes tiraba mucho de lo acústico, más que por el análisis concienzudo de su música en sí. Para entendernos, vamos con un ejemplo paradigmático, y lo dejamos.

En 1970 se publica *New Morning*, décimo primer trabajo de Bob Dylan. Un disco con canciones como «If Not For You», «One More Weekend» o «The Man In Me». Venga, el que se atreva a decir si es un disco de folk rock o de country rock que tire la primera piedra –apuntando bien, no sea que nos dé a nosotros– y que luego ponga sus argumentos encima de la mesa. Es un disco de un artista de folk rock, Dylan, pero realizado solo dos discos después de que él mismo hiciera su álbum más country, *Nashville Skyline*. El bajo corre a cargo del artista de country rock Charlie Daniels, y Dylan combina las acústicas con las eléctricas. La estructura de canciones como las citadas «New Morning» o «Three Angels» son claramente country rock, mientras otras huelen a folk por los cuatro costados, como «Day Of The Locusts». Bueno es Bob para aclararnos algo. Pero, entonces ¿en qué quedamos? Pues en lo dicho, en que el lápiz con el que alguien dibujó la línea que separa ambos géneros es demasiado tenue. En que Neil Young podía publicar el country rock *Everybody Knows This Is Nowhere* en 1969 y en 1972 marcarse el folkie *Harvest*. Y en que si somos nosotros los que debemos solucionar este entuerto van ustedes apañados. Que no es que no queramos, es que no somos capaces. Que cada uno juzgue y extraiga sus propias conclusiones.

Buffalo Springfield|La cosa va de padrinos
Los Ángeles 1966–1968, 2010–2012

Con decir que es la banda de la que surgieron Neil Young, Stephen Stills o Richie Furay, podría estar todo dicho. Si a eso añadimos que de su escisión nacieron bandas como Crosby, Stills, Nash & Young, Manassas, Poco o Loggins & Messina seguro que ya no hay más que añadir. Porque estamos

ante un monstruo. Ante los padrinos del folk rock y del country rock junto a The Byrds. Una banda inconmensurable, nacida con la intención de hacer frente a la British Invasion –ya conocen a los yanquis– pero convertida en mucho más, con apenas tres discos.

El canadiense Neil Young (guitarra y voz), Stephen Stills (guitarra y voz), Richie Furay (guitarra y voz), Bruce Palmer (bajo) y Dewey Martin (batería) integran la banda. Todos ellos con experiencia en grupos como Mynah Birds, Dillards o Go–Go Singers. Muy pronto se hacen un nombre en Los Ángeles y en 1966 Ahmer Ertegun los ficha para Atco Records, donde debutan con su homónimo e histórico primer disco, en el que se encuentra ese himno generacional que es «For what is worth» que, curiosamente, fue el tercer single extraído del trabajo. El éxito es fulgurante y eso les hace lanzar rápidamente *Buffalo Springfield Again*, tan solo un año después. Caracterizado por una mayor experimentación y una mayor inquietud por parte de los músicos, incluye canciones enormes como «Bluebird» o «Rock and Roll Woman». Cabe destacar, además, que si en el primer disco Young y Stills habían copado la composición, ahora se incorpora un acertado Furay en esas funciones, formando un auténtico equipo de ensueño. A pesar de eso, el grupo nunca lo fue, como tal. Las personalidades individuales siempre se impusieron al colectivo y eso acabó con ellos de manera apresurada. Además, las drogas hicieron también acto de presencia y eso, en el rock and roll, casi siempre acaba mal. Bruce Palmer fue el más perjudicado por ello, y muchas veces fue reemplazado por Jim Fielder hasta que Jim Messina acabara ocupando definitivamente su puesto. La separación era un hecho, aunque antes publicaron *Last time Around*, en 1968, despidiéndose con un concierto el 5 de mayo de aquel año en el Long Beach Arena. En 2011 el grupo se reúne para seis conciertos, con una formación integrada por Young, Stills y Furay a los que se unen Rick Rosas y Joe Vitale. Tan económicamente rentable como innecesario.

Cat Stevens|El alma de Yusuf Islam
Londres, 1948

Con veintinueve años de edad, y cuando ya era una auténtica estrella del folk rock, Cat Stevens se convierte al Islam y cambia su nombre por el de Yusuf Islam, forma en la que firmará sus discos hasta que en 2006 pase a hacerlo simplemente como Yusuf. El autor de canciones como «The First Cut Is The Deepest», «Wild World» o «Father And Son» fue inducido al Salón De la Fama del Rock and Roll en 2014. Hijo de una familia grecochipriota fue criado en Suecia y luego residió en Inglaterra, cosa que le dotó de una gran capacidad para absorber culturas y describir todo lo que observaba. Debuta discograficamente con el disco *Matthew & Son* (1967), que incluye la canción «I Love My Dog», top ten en Reino Unido. Allí ya se observa que en sus canciones cabe todo, desde el rock a las danzas de las tierras de sus padres o la música sudamericana, aunque esencialmente se podría definir su estilo como folk rock. Poco después padece un colapso pulmonar, al que seguirá una tuberculosis, aspectos que cambiarán su vida, ya que debe estar dos años retirado, en los que estudia filosofía hindú y se aficiona al yoga y a la meditación, aunque sigue queriendo ganarse la vida como músico. Avisa en 1970 con el disco *Tea For The Tillerman*, al que sigue *Teaser And The Firecat* en 1971, ambos certificados como triple platino en Estados Unidos, para ofrecer su obra maestra *Catch Bull At Four* en 1972, trabajó con el que copa las listas de éxitos varias semanas. Su citada conversión al Islam modifica su propuesta musical, y esta culmina cuando en 1995, casi veinte años después de ese trascendental paso publica *The Life Of The Last Prophet*, disco de conversaciones musulmanas que incluye un relato con la vida de Mahoma. Su anterior disco es *Back to Earth* ¡de 1978! Aunque su primer trabajo con nuevas canciones realmente sea *An Another Cup* en 2006.

Crosby, Stills & Nash|Trío de ases (y otro as en la manga)

Los Ángeles, 1968–1970/1973–2016

Podríamos haber llamado a esta ficha Crosby, Stills, Nash & Young, pero hemos optado por quedarnos con el trío dado su carácter fundacional y su mayor perdurabilidad en el tiempo. Originalmente, este trío seminal del folk rock estaba formado por el británico Graham Nash, que provenía de The Hollies, y los estadounidenses David Crosby, ex The Byrds, y Stephen Stills, ex Buffalo Springfield. Rápidamente fueron arropados por el movimiento hippie y la contracultura, y su sonido, marcado por las guitarras acústicas y las armonías vocales sería muy influyente en el desarrollo del folk rock y mucho más tarde del americana. Su primer álbum, homónimo, ya fue un gran éxito, en buena parte porque gracias a Stills, y su experiencia en Buffalo Springfield, fueron fichados por Atlantic Records, y la multinacional puso toda su maquinaria en marcha consiguiendo que el

disco alcanzara el puesto número 6 de las listas de Billboard. Es el disco de temas como «Suite: Judy Blue Eyes» dedicado a Judy Collins, «Marrakesh Express» o «Wooden Ships»…Además, en los créditos aparece gente como Jerry Garcia, Art Garfunkel, Joni Mitchell o un Neil Young que se uniría al trío, convirtiéndolo en cuarteto en 1969, poco antes de aparecer en el Festival de Woodstock.

Con la nueva formación graban el que quizá sea su mejor disco, *Déjà Vu* (1970) en el que introducen la electricidad a su música. La revista Rolling Stone lo ubicó en el puesto 220 en su lista de los mejores discos de todos los tiempos. Canciones como «Teach Your Children», «Helpless» o «Carry On» mantuvieron su estatus de genios y estrellas del folk rock. Stills aprovechó el éxito para debutar en solitario, algo que irían haciendo sucesivamente el resto de componentes ese mismo 1970, justo un año antes de publicar de manera conjunta el espectacular directo *Four Way Street*, un doble LP publicado cuando el grupo ya se había disuelto y que incluye canciones tan enormes como «Cowgirl In The Sand» o «Ohio», ambas de la pluma de Neil Young. Pero los egos, las drogas y el mal ambiente pudieron con ellos, y todo se fue al traste. A partir de ahí, las reconciliaciones y cambios de formaciones fueron tan constantes como menos interesantes.

Gordon Lightfoot | Si pudieras leerme el pensamiento
Orillia (Ontario), 1938

Cuando uno piensa hoy día en referentes musicales canadienses, rara vez aparece el nombre de Gordon Lightfoot. No al menos antes de citar a otros que han perdurado más en el tiempo, caso de Joni Mitchell, Neil Young, Leonard Cohen o Robbie Robertson. Pero el bueno de Gordon fue, en su tiempo, uno de los más grandes del folk rock a nivel internacional. Pasando de una pequeña ciudad de Ontario a las coffee shops de Toronto en los sesenta, su racha de éxitos en la siguiente década copaba las emisoras, mientras sus visitas a Estados Unidos se contaban por *sold outs* en recintos no precisamente minoritarios.

Valiéndose de una limpia voz de barítono, Gordon supo trasladar sus raíces a través de un cancionero rico en emociones, utilizando además del folk rock y la guitarra de doce cuerdas como sustento al que añadir no pocos matices de country, rock y pop. Canciones como «If You Could Read My Mind», «The Wreck of the Edmund Fitzgerald», «Sundown», «Rainy Day People» o «Song for a Winter's Night» forman parte de la banda sonora de toda una generación.

Cinco veces nominado al Grammy y miembro del *Songwriters Hall of Fame* en 2012, buena parte del reconocimiento a su trabajo entre los aficionados deriva de las versiones de sus canciones en boca de artistas del calibre de Johnny Cash, Barbra Streisand, Nico, Waylon Jennings, Elvis Presley, Bob Dylan, Neil Young o Peter, Paul and Mary entre otros muchos.

Guy Clark|El hombre de la mirada tranquila
Texas, 1941–2016

«Se levantaba todos los días y escribía. Lo que aprendí de Guy y Susanna, más que cualquier otra cosa, fue que llaman a estas cosas que hacen los artistas «disciplinas» por una razón. Él no era un ángel; tenía muchos demonios. Pero encontró lo necesario: trabajar todos los días. Descubrí cuánto aprendí de él al hacer un disco como este». Estas son palabras de Steve Earle para Rolling Stone hablando de Guy y Susanna Clark después de publicar su disco homenaje al primero. Un tipo de figura y apariencia tranquila, pero con sus propias luchas internas, como apuntaría Earle. Guy Clark entra en este libro de milagro. Su música, sin duda, está mucho más cerca del country y el country rock que del folk rock, pero es un buen elemento para entender la conexión entre ambos géneros, especialmente por su dominio de las baladas y los medios tiempos. Con señalar que gente como Johnny Cash, Rodney Crowell o Emmylou Harris han grabado canciones suyas está todo dicho. En 2014 ganó el premio Grammy a mejor disco de folk del año por *My Favorite Picture Of You*, dedicado a su mujer Susanna. Dos años después fallecería en Nashville, Tennessee.

James Taylor|Seis décadas al pie del cañón
Boston (Massachusetts), 1948

Más de cincuenta años de carrera, decenas de millones de discos vendidos y un cancionero con joyas tan atemporales como «Mexico», «Country Road», «Fire and Rain», «Shower the People» o «Carolina on My Mind» han hecho de James Taylor un referente ineludible del folk rock. Hijo de una familia acomodada y de sensibilidad artística (su padre era médico y su madre cantante de ópera), el joven James se vio aquejado de graves trastornos emocionales, llegando incluso a dar con sus huesos en un hospital psiquiátrico aquejado de una severa depresión. Ello, sumado a su temprana adicción a la heroína, a punto estuvo de cercenar de cuajo su todavía inexistente carrera. Hasta que Peter Asher, productor de Apple Records, le echara el ojo y consiguiera que el sello de los Beatles publicara su primer y homónimo LP en 1968. Un trabajo de diez, que contaría con el propio McCartney metiendo el bajo, pero que debería esperar un poco para ser reconocido como tal. Sí daría la campanada con su segunda intentona, ya en Warner: *Sweet Baby James* (1970), con colaboraciones de Carole King, le convirtió en estrella entre los cantautores de la época. Es portada de *Time*, protagoniza *Carretera Asfaltada en dos Direcciones,* de Monte Hellman y participa en el clásico *Tapestry* (1971) de King, que le devuelve el favor escribiéndole un número 1, «You've Got a Friend» para su tercer disco, *Mud Slide Slim And The Blue Horizon* (1971). Siguientes entregas como *One Man Dog* (1972) *Walking Man* (1974) y especialmente *Gorilla* (1975) mantendrían un altísimo nivel, hasta que a partir de los ochenta espaciaría mucho más sus grabaciones, ofreciendo picos de calidad como *October Road* (2002) o el más reciente

American Standard (2020), con el que debutó en el puesto número 4 en la lista de álbumes Billboard 200, lo que le convirtió en el primer artista en tener un álbum entre los 10 primeros en cada una de las últimas seis décadas. Por cosas como esta, entre otras muchas, es por lo que su figura resulta una indiscutible leyenda del género.

John Prine|El cartero siempre canta dos veces
Illinois, 1946–2000

Una de las muchas pérdidas que provocó la pandemia de COVID 19 fue la de John Prine. Nieto del guitarrista de Merle Travis, aprendió a tocar la guitarra durante los cinco años que pasó trabajando como cartero, y al volver del servicio militar decidió dedicarse a tiempo completo a la música deambulando por los garitos de la capital de su estado de nacimiento, Chicago. El éxito y la calidad de su primer disco, titulado simplemente *John Prine* (1971) publicado por Atlantic, le llevó a ser considerado otro «nuevo Bob Dylan» . *Diamonds In The Rough* (1972) y *Sweet Revenge* (1973) mantuvieron su éxito y el respeto de la crítica.

Tampoco bajó la calidad con *Common Sense* (1975) y *Bruised Orange* (1978), creando así un conjunto de cinco discos en la década de los setenta prácticamente impecables. Una auténtica biblia para los amantes del folk rock. Los ochenta, como a tantos otros en la música de raíces, fueron un sufrimiento para él en lo discográfico, y con los noventa la cosa no pareció mejorar, hasta que en 1999 publica *In Spite Of Ourselves*, un disco donde parece volver por sus fueros cantando versiones y con duetos con Lucinda Williams, Iris DeMent o Emmylou Harris. Un año antes le había sido diagnosticado un cáncer de garganta que le fue extirpado y que le dio a su voz un tono más arenoso. En 2003, la BBC le premia por toda su carrera, y el mismo año entra en el Nashville Songwriters Hall Of Fame. Su primer disco con temas propios desde 1997 es *Fair And Square* (2005), y con él se lleva el premio Grammy a Mejor Álbum de Folk Contemporáneo. Tras varios álbumes más, su último trabajo será *The Tree Of Forgiveness*, en 2018, un par de años antes de su citada desaparición.

Matthews Southern Comfort|Folk en el
bolsillo, country en la mochila
Londres, 1970

Vocalista y miembro fundador de Fairport Convention, Ian Matthews dejó el grupo mientras grababan su tercer disco, *Unhalfbricking* (1969). Buscaba con ello recuperar parte de la vertiente americana que la banda, bajo la influencia de Sandy Denny, había abandonado. Con la ayuda de varios de sus ex compañeros grabaría un debut en solitario, *Matthews' Southern Comfort* (1970), en el que sentaría las bases de su sonido clásico, mezcla de folk y country rock. Reclutaría entonces una banda para girar con diversos músicos de la escena, incluyendo ex miembros de Spooky Tooth y Marmalade, con la que a la postre grabaría sus dos siguientes elepés, *Second Spring* (1970) y *Later That Same Year* (1970). No obstante, sería con una versión de Joni Mitchell con la que conseguirían su mayor éxito. Según Matthews recordaba en el libro *1000 UK #1 Hits*, «teníamos que hacer cuatro canciones en un programa de la BBC. Elaboramos un arreglo para «Woodstock» y la respuesta fue tan buena que lo sacamos como single» . Un flamante número uno en listas, que no evitó que la banda se disolviera poco después.

Con *If You Saw Thro' My Eyes* (1971) Matthews inauguraría a partir de entonces una prolífica carrera en solitario, establecido en Estados Unidos. De vuelta en Europa, Matthews Southern Comfort verá dos nuevas encarnaciones, la primera entre 2010 y 2012, y la segunda desde 2017 en adelante. Retorno que, lejos de vivir de rentas, ha publicado ya varios discos de nivel más que notable.

Michael Chapman|El hacedor de lluvia

Leeds, 1941–2021

En 2016, cinco años antes de su muerte, Michael Chapman celebraba sus cincuenta años como músico profesional. Conocidísimo en el circuito folk británico, llegó a publicar más de cincuenta discos, y en el momento de su muerte, a los ochenta años de edad seguía en activo. Combinando el jazz con el folk rock, pocos son los que ponen en duda que su mejor álbum es *Rainmaker*, publicado en 1969 y del que Ricardo Prieto escribe en Aloha Criticon que «todos los aficionados a la música folk rock tendrían que escuchar el primer álbum de Michael Chapman, un gran disco de melodías elegantes y melancólicas con una seductora labor en la guitarra (es un excelente instrumentista) y con unos arreglos que agrandan su folk con toques blues y psicodélicos. Después de este debut grabaría otros LPs de parecido estilo pero la cima en estudio de Michael Chapman, un nombre a reivindicar sin reservas, es este *Rainmaker*» .

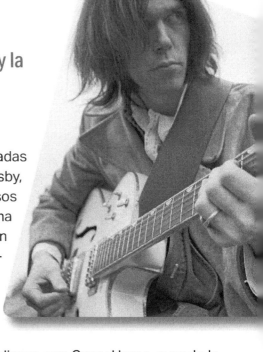

Eduardo Izquierdo / Eloy Pérez Ladaga

Neil Young|Entre la calma y la tormenta

Toronto, 1945

Como este libro ya dispone de entradas para Buffalo Springfield y para Crosby, Stills, Nash & Young, nos saltaremos esos capítulos y pasaremos a entrar en faena con el homónimo debut de Young en 1968, un disco de folk rock que, en conjunto, solo anticipaba una de sus dos caras más conocidas, la del folk rock precisamente. Sería a partir de su segundo y magistral trabajo, *Everybody Knows This Is Nowhere* (1969) y de su alianza con Crazy Horse, cuando la dualidad en su música (sensibilidad folk y country vs. arrebatos eléctricos) daría inicio. Esas dos vertientes convivirán desde entonces con una naturalidad que se acabó por convertir en marca de fábrica. De su producción setentera casi todo puede contarse por triunfos, con algunos títulos como *After the Gold Rush* (1970), *Harvest* (1972) o *Comes a Time* (1978) primando más lo acústico. Daría varios tumbos un tanto estrambóticos en la siguiente década, pasando del country al rockabilly, del hard rock al pseu-

do techno en una serie de álbumes no excesivamente memorables, y de paso poniendo de los nervios a Geffen, que acabó por darle la patada.

Resurgiría de la mano del blues con *This Note's for You (*1988), pero sobre todo con *Freedom* (1989) y *Ragged Glory* (1990), este último recuperando a sus Crazy Horse. En los noventa lo vemos de nuevo balanceándose entre el folk rock de *Harvest Moon* (1992) pero igualmente apadrinando el grunge, llegando a grabar un álbum entero (*Mirror Ball*, 1995) con Pearl Jam como banda; una sincera manera de que los angustiados mozalbetes de Seattle reconocieran en Young y sus guitarras a un auténtico mentor. Tampoco aminoraría el ritmo a partir del nuevo milenio, atreviéndose incluso a deconstruir parte del cancionero americano más tradicional con *Americana* (2012), dándole la vuelta a melodías tan trilladas como las de «This Land is Your Land», «Oh Susannah», «Clementine» o «Gallows Pole». Lanzando discos a un ritmo espectacular, siempre con un pie en el folk con el que empezó a dar sus primeros pasos, Young ha logrado una de las discografías más extensas, interesantes y eclécticas de la música popular. Y, con ella, convertirse en leyenda.

The Byrds|Inventando un estilo a base de doce cuerdas
Los Ángeles, 1964–1973

No serían pocos ni pocas los que considerarían como punto de partida del folk rock el 12 de abril de 1965, fecha en que The Byrds publicaban su cristalina y guitarrera versión del «Mr. Tambourine Man» de Bob Dylan, entrando en las listas de pop con una canción de origen folk. Aunque no fuera así, tampoco les faltaría toda la razón, ya que ese es un momento clave para el estilo que nos ocupa. El origen de The Byrds se encuentra en The Jet Set, trío formado por Jim (Roger) McGuinn, Gene Clark y David Crosby. Empezaron haciendo folk, pero cuando cambiaron sus instrumentos acústicos por eléctricos, se cambiaron el nombre a The Beefeaters. Su manager, Jim Dickson, les recomienda que incorporen a la banda al bajista Chris Hillman y al batería Dick Clarke, amigo de Crosby. La formación clásica de The Byrds estaba formada. Su primer sencillo fue la citada versión de Dylan, producida por Terry Melcher y marcada por la guitarra Rickenbacker de doce cuerdas de McGuinn, definidora del sonido Byrds. Resultado, número

uno y primer larga duración del mismo título en marcha, con más versiones de Dylan, de Pete Seeger, y excelentes composiciones propias a cargo de Gene Clark. Su segundo disco, *Turn, Turn, Turn*, también de 1965 llega con otro single homónimo, y otro número uno. El primer giro en la banda llega cuando Gene Clark la deja poco después, por su miedo a volar, tras publicar el éxito «Eight Miles High». Perdían un compositor, pero ganaban tres, porque McGuinn, Hillman y Crosby tomaron el relevo, y de qué manera. El resultado será *Fifth Dimension* (1966), muy influido por la psicodelia.

La historia de The Byrds, como tantas otras en este libro, es demasiado intensa y complicada como para resumirla en unas pocas líneas, así que vamos a intentar compilar los siguientes años de modo telegráfico. Las tensiones entre sus miembros aumentan a finales de la década, y Crosby deja la banda durante la grabación de *The Notorious Byrds Brothers* (1968). Clark regresa, pero no dura mucho. Hillman mete en el grupo a su colega Gram Parsons y juntos graban *Sweetheart Of The Rodeo*, disco seminal del country rock. Ya no son culpables de crear un género, sino

dos. Pero Parsons también dura poco. Finalmente, McGuinn acabará que-
dándose como único miembro original de la banda, mientras el resto se
dispersaba en otros proyectos (Crosby, Stills, Nash & Young, The Flying
Burrito Brothers…) e iniciaban sus carreras en solitario. En 1973 se reúne la
formación original y publican *Byrds*, justo cuando McGuinn también inicia
su carrera en solitario. Gene Clark sería el primer miembro de la banda en
morir, en 1991 y el batería Michael Clarke lo haría en 1993. Precisamente
en 1991, The Byrds llegaron al Rock And Roll Hall Of Fame.

Los años ochenta, mujeres al poder y el anti folk

Es muy probable que si pidiéramos a un o una artista de largo recorrido en la música popular y de raíces que eliminaran una década, la de los ochenta sería la que se llevaría más votos. Pocas dudas nos caben. Pero también es cierto que dentro de todo aquel desastre que para la música de raíces –y también para algunos estilos cercanos al rock– supuso el boom de la música de baile heredera de los finales de los setenta (¡cuánto daño hizo *Stayin'alive* por muy buenos que fueran los Bee Gees!) y de los sintetizadores a mansalva surgió un movimiento que tendría continuidad en los años noventa encabezados por mujeres guitarra en mano. El epicentro, por supuesto, fue la figura de una californiana de aspecto francés que con su dulzura y sus aromas folk rock reventó las listas de éxitos con una canción alrededor del abuso infantil y el maltrato en los niños. Hablamos de «Luka» y Suzanne Vega, claro. A su rebufo o en paralelo, como prefieran llegaron otras como Tracy Chapman o Tanita Tikaram. Antes, lo había hecho Nanci Griffith, auténtica referencia de Vega. Aunque la gran contribución de estas mujeres fue evolucionar el género. Acercarlo al pop, en muchas ocasiones, y también a estilos como el country. Esa tendencia, dará lugar a buena parte del americana de la siguiente década. El camino transitado por Chapman o Tikaram, lo recorrerán de nuevo, con sus muchas aristas y matices, gente como Joan As A Police Woman, Laura Veirs, Natalie Merchant, Kristen Hersh con sus Throwing Muses o Dayna Kurtz, entre muchas otras. Ellas seguirán dando lustre al folk rock en la siguiente década añadiendo pinceladas de blues, de jazz o de cualquier otro género. Son cantautoras folk rock evolucionadas. Empoderadas. Y lo van a demostrar.

Entonces ¿por qué no incluir en esta lista, y por tanto en este capítulo, a nombres como Ani DiFranco o Indigo Girls? Pues porque las hemos dejado para el siguiente. Tan simple como eso. Entendemos que su gran explosión, a pesar de haber comenzado sus carreras en los ochenta se produce poco después, y que suponen una forma de reivindicar el papel de la mujer en una década en la que los hombres también volverán al género, como veremos. Todas no caben. Ya saben, pero no está de más aprovechar esta introducción al capítulo para apuntar los nombres de algunas que, a pesar de no disponer de ficha propia, merecen su hueco en la historia del género.

Pero volvamos al tema que nos ocupa. Los desastrosos ochenta ¿Lo fueron tanto, si de folk hablamos? Probablemente no, aunque hay que rascar, tampoco vamos a engañarles. Tenemos algunos nombres como los Waterboys, Levellers y –sobre todo– los padres del celtic punk, los Pogues. Pero ellos y algunos pocos más no dejan de ser, en lo masculino, la excepción que confirma la regla. Si en un género no hay que rascar tanto, ese es justamente en el folk rock o el folk pop interpretado por mujeres. Ahí la cosa está clara. Mujeres fuertes –en muchas ocasiones combinado con una apariencia frágil– que eran capaces de poner la carne de gallina a millones de personas mientras los Guns n'Roses daban sus primeros pasos. Época de contrastes. Época de cardados y folkies con nombre de mujer. Los primeros, aquí, no tocan. Las segundas sí.

A ellas, además, sumamos la corriente Anti Folk, subgénero con elementos del folk y el punk que arraigó a finales de la década. Un cajón de sastre en el que podía entrar desde Beck a Michelle Shocked, Brenda Kahn o Billy Bragg. Ellos y ellas dieron forma al folk rock de los ochenta.

Billy Bragg|El azote pop
Essex (Reino Unido), 1957

«Algunos cantautores cuando tocan se imaginan que son Bob Dylan, yo me imagino que soy The Clash» aseguraba Billy Bragg al Daily Telegraph. Y esa es la actitud que ha mantenido a lo largo de toda su carrera este hombre que ha utilizado el pop como arma contra el sistema ¿Qué pinta aquí entonces? No hay más que analizar su biografía para darse cuenta de que el de Essex es un auténtico folkie, como el que más. Vinculado al movimiento obrero, constante en su música, de hecho, fue incluido en la corriente anti–folk de los años ochenta. Defensor a ultranza del legado de Woody Guthrie, en 1998 y 2000 publica junto a Wilco los dos volúmenes

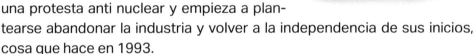

de *Mermaid Avenue*, en los que recoge letras del mítico cantautor y las convierte en canciones con la ayuda de la banda de Jeff Tweedy. En 1985, Kirsty McCoy hizo una versión de su «A new England» que llegó al número siete en las listas inglesas, convirtiéndose en un clásico de la música británica y afianzando su posición de músico con mucho que decir. Poco después, se integró en la Red Wedge Tour, en apoyo al partido laborista inglés. En 1986 es detenido al estar implicado en una protesta anti nuclear y empieza a plantearse abandonar la industria y volver a la independencia de sus inicios, cosa que hace en 1993.

Levellers|La rasta es bella

Brighton, 1988 – Actualidad

Cuentan que Levellers se formaron en un pub, cuando el bajista Jeremy Cunningham estaba tratando de ligarse a una parroquiana. Al rato de pegarle la brasa entró por la puerta el cantante y guitarra Mark Chadwick, a la sazón novio de la chica; y lo que pudo haber acabado en una fiesta de bofetadas acabó –tras ponerse los dos a hablar de música– en el nacimiento de una de las bandas de folk punk más importantes de Gran Bretaña.

Y es que tras unos inicios un tanto titubeantes, a mediados de los noventa estaban ya en la cima: su actuación en el Festival de Glastonbury de 1994 congregó a la mayor multitud que había visto el festival hasta entonces. Orgullosos representantes de lo que se catalogó como subcultura *crusty* (a quienes, por estos lares y en celtibérica definición se conoce como perroflautas), su folk punk consiguió conectar con un público que veían sus preocupaciones perfectamente reflejadas en las letras y música

de la banda. Con una carrera que incluye siete álbumes y catorce sencillos en el Top 40, algunos tan brillantes como *Levelling the Land* (1991) *Levellers* (1993) o *Green Blade Rising* (2002) y vendiendo 18.000 entradas cada año para su propio festival en Devon, llamado Beautiful Days (libre de patrocinio alguno), los Levellers pueden sentirse orgullosos de seguir siendo un referente del folk más combativo.

Nanci Griffith|La madrina de los ochenta

Seguin (Texas), 1953–2021

Antes de que en 1994 ganara el premio Grammy a Mejor Álbum de Folk Contemporáneo, Nanci Griffith ya se había convertido en la madrina de un género, el del country folk. Gente como Suzanne Vega la citaba constantemente como maestra del cotarro y una figura esencial en su carrera. Una mujer capaz de dar nombre a un género nuevo, el folkabilly, expresión inventada por ella misma y que le sirvió para definir su música durante toda su carrera. Algo así

como una mezcla entre el folk, claro está, el rockabilly y el country. El citado premio Grammy lo obtenía por el disco *Other Voices, Other Rooms*, álbum de versiones en el que ya podemos ver donde están algunos de sus orígenes: Bob Dylan, Janis Ian, John Prine, Woody Guthrie, Tom Paxton....

Nacida el 6 de julio de 1953 en Seguin, Texas, su familia era muy musical, y su padre cantaba en un cuarteto. No tardaron en mudarse a Austin, hecho que hizo que Nanci pudiera desarrollar muy pronto su pasión por la música. Sus cantantes favoritas eran Loretta Lynn y Odetta, y su objetivo era parecerse a ellas. Una figura capital en su carrera fue la de Carolyn Hester, famosa cantante de folk. Su padre se la presentó en una fiesta y ésta le animó a seguir su sueño con ahínco, cosa que no dudó en hacer. Para culminarlo, Hester la acompañó a ver un concierto de Townes van Zandt, hecho que acabó de convencer a Griffith de donde estaba su futuro. En 1976 ya ganará el New Folk Competition, un premio para artistas noveles incluido en el prestigioso festival de Folk de Kerrville. Eso hizo que abandonara su trabajo como profesora y fichara por Philo Records, sello de música folk distribuido por Rounder Records. Con ellos debuta en 1978, mediante el disco *There's a Light Beyond These Woods* (1978) al que seguirá *Poet In My Window* (1982). Su gran éxito y su consolidación, eso sí, llegará en 1984 con *Once In A Very Blue Moon*. Su suave voz y ese tono confesional de sus canciones crearon una escuela que, como hemos apuntado seguirían muchas otras y que ella desarrollaría en los diecinueve álbumes que integran su discografía. Fallecería en Nashville en 2021 por causas que su familia quiso mantener en secreto.

Natalie Merchant|Liderando a 10.000 maníacos
Nueva York, 1963

Quizá piensen que Natalie Merchant no debería estar en este bloque destinado a las folkies de los ochenta, pero es que, aunque su carrera en solitario se inicia en 1995 con *Tigerlily,* antes, entre 1981 y 1992 hace grandes a 10.000 Maniacs, banda de pop folk que lideraba. Surgidos también del mundo universitario, aunque en este caso de Jamestown (Nueva York), el grupo debuta con *The Wishing Chair* en 1985, de la mano de Elektra. Aunque será con su segundo disco, *In My Tribe* (1986) que lograrán el reconocimiento mediático. En 1992, justo como despedida de Merchant graban un *unplugged* para la MTV en el que versionan el «Because The Night» de Bruce Springsteen, popularizado por Patti Smith y que, de nuevo, les llevará a vender una barbaridad de discos. Merchant sigue su carrera en solitario a partir de 1995 dejando algo de lado su vertiente más pop e inclinándose claramente por el folk rock. Junto al citado *Tigerlily* (1995), *Motherland* (2001) está considerado su mejor trabajo.

Suzanne Vega|La vecina del segundo piso

Santa Mónica (California), 1959

«My name is Luka, I live on the second floor» («mi nombre es Luka, y vivo en el segundo piso») es, le pese a quien le pese, uno de los inicios de canción más reconocidos, no solo de la historia del folk rock, sino de la música pop. Su autora, Suzanne Vega. Hija mayor de cuatro hermanas, su vida estuvo marcada por dos hechos. El primero el traslado de su familia a Nueva York, cuando ella apenas contaba con dos años y medio –de ahí el error frecuente de considerarla neoyorquina– y por otro la confesión, por parte de su padrastro, el escritor portorriqueño Edgardo Vega, de que su verdadero progenitor era un tipo de origen escocés e irlandés que la había abandonado siendo niña, lo que le provocó una grave crisis de identidad.

Suzanne Vega tuvo la suerte de pertenecer a una familia acomodada, cosa que le permitió graduarse en la High School of Performing Arts de Nueva York, conocida por ser el lugar donde se rodó la serie de televisión *Fama*. Los clubes del Greenwich Village, como sucedía en los sesenta, fueron los que dieron las primeras oportunidades y ella no las desaprovechó. Sus influencias principales eran Bob Dylan, Leonard Cohen y Laura Nyro.

En en una entrevista publicada en 2012 en *Penny Black Music* aseguraría que «Los primeros tres álbumes de Laura son increíbles. Todo, desde la primera canción hasta «New York Tendaberry» , no diría que me influenció porque, en primer lugar, tocaba el piano, pero me encantaba la forma en que pensaba y me encanta la forma en que salió en las canciones. Me encantaron sus inconsistencias y los personajes sobre los que escribió. Siempre escribía sobre chicos llamados Joe o Tom. Conozco chicos así. Fui a la escuela con ellos. Eran realmente niños que yo también conocía. Así que realmente la amaba por eso».

Tras su debut, en 1985 con un disco homónimo, publica en 1987 *Solitude Standing*, disco que se inicia con la muy conocida «Tom's Dinner» y cuyo segundo tema es la citada «Luka», canción que marcará su carrera. La canción la haría entrar en las listas de éxitos de más de quince países y la llevó a ser nominada a los Grammy como disco del año, canción del año y mejor interpretación vocal femenina. Vega no ha sido una artista muy prolífica y únicamente ha editado una decena de discos hasta la fecha, pero su influencia en otras mujeres de su generación es incontestable.

Tanita Tikaram|La chica del antiguo corazón

Münster (Alemania), 1969

Vender cuatro millones de copias de tu disco de debut es, sin duda, algo a destacar. Y eso le sucedió a Tanita Tikaram con *Ancient Heart* en 1988, cuando solo contaba con 19 años. Hija de un funcionario británico trasladado y de una mujer malasia, Tanita nace en Alemania, aunque pronto se trasladará a Londres. Será en los clubes de la ciudad británica donde se foguerá y gracias a ello conseguirá firmar con WEA–Reprise, una multinacional, para publicar su primer disco, que producirán Rod Argent (The Zombies) y Pete Van Hooke (Mike + The Mechanics). El éxito es fulgurante gracias a sencillos como «Good Tradition» o «Twist My Sobriety». De hecho nunca conseguirá superar el éxito de aquel debut que la puso al nivel de popularidad de Suzanne Vega o Tracy Chapman. Su estilo, una mezcla de folk y pop influida por Joni Mitchell, Rickie Lee Jones o Leonard Cohen funciona de maravilla en aquel momento, pero sus tres siguientes trabajos con WEA, a pesar de su buen nivel, ya no se venden igual. Eso le lleva a retirarse en 1992, aunque regresará en 1995 con *Lovers In The City*, que tampoco supondrá una recuperación a nivel de ventas. Por eso, en 1996 finiquita su relación con la multinacional con un recopilatorio que funciona aceptablemente. Cuando en 1998, y de manera independiente, publica *The Capuccino Song* y tampoco funciona, Tikaram abandona de nuevo y esta vez no regresará hasta 2005 con *Sentimental*, donde abandona su habitual imagen folkie, con la guitarra colgada al cuello, para preferir el piano como instrumento principal, dando mayor protagonismo a sonidos jazz. Siete años de silencio más seguirán al disco, para volver con

Can't Go Back en 2012, esta vez más country y soul y luego con *Closer To The People*, más blues, en 2016. Una artista perdida por su éxito demasiado temprano.

The Men They Couldn't Hang|Activistas y combativos

Londres, 1984–Actualidad

Corría el año 1984 cuando Stefan Cush, por entonces roadie de The Pogues, formaba un grupo junto a Paul Simmonds, Philip «Swill» Odgers, Jon Odgers y Shanne Bradley y decidía bautizarlo en honor a John «Babbacombe» Lee, un fulano famoso por haber escapado de la horca en tres ocasiones. Su sonido, tan deudor del folk como del punk, les granjeó pronto un buen plantel de seguidores dentro de la escena independiente británica, incluyendo figuras de renombre como John Peel, quien les apoyó desde el primer momento, dando cancha en la Radio 1 a su single de debut, «The Green Fields of France». Pero sería a partir de 1985 con *Night of a Thousand Candles*, su primer elepé, cuando definirían su furibunda actitud antiThatcher y, en términos generales, su activismo político, posicionándose a favor de las huelga de mineros y demás reivindicaciones

obreras. Nunca fueron un grupo de masas (su mayor éxito llegó en 1989 con *Silver Town,* su cuarto trabajo, y eso fue llegando tan solo al número 39 en listas), pero su fiel grupo de seguidores siempre se mantuvo ahí; incluso tras un lustro de hiato (del 91 al 96), su vuelta vio a los fans tan dispuestos como el primer día. Y desde entonces hasta hoy mismo, alcanzado ya el estatus de leyenda. Menor, vale, pero leyenda al fin y al cabo.

The Waterboys|Las olas contra el acantilado
Edimburgo, 1983–Actualidad

Siempre ha habido un componente innegable de folk rock en la música de Mike Scott, alma mater de The Waterboys. Incluso en su primera etapa, definida por esa «big music» de sus tres primeros trabajos. Pero sería a partir de 1988 cuando a instancias del violinista Steve Wickham, recién fichado para la banda, Mike se trasladaría a Irlanda. Allí, instalado con nueva formación en Spiddal House (una antigua mansión–estudio), nacería *Fisherman's Blues* (1988), un magnífico disco –clásico en su discografía– imbuido de la música tradicional celta. La autodefinida como Raggle Taggle Band daría continuación a ese sonido con *Room to Roam* (1990)

antes de tomar otros derroteros. Nunca volverían a ser tan abiertamente folkies (con la excepción tal vez de *Bring 'Em All In* (1995), primer disco en solitario de Mike y *Universal Hall* en 2003), pero incluso en sus álbumes más eléctricos mantendrían siempre ese sustrato, ya fuera en el cómputo global o en algunas canciones en particular. Sobre sus últimas grabaciones, repletas de maquinitas, ruiditos y ritmos de casiotone mejor corramos un tupido velo. Su legado lo merece.

Tracy Chapman|La heredera de Odetta
Cleveland, 1964

Criada únicamente por su madre, Tracy Chapman nace en 1964 en Cleveland. La música le llama la atención rápidamente y con tres años ya le regalan un ukelele. No es de extrañar que a los ocho años ya anduviera tocando la guitarra y componiendo sus propias canciones, con Odetta como referencia. Graduada en antropología y estudios africanos en la universidad de Massachusetts, Tracy siempre mostró un especial interés por encontrar los orígenes de su raza y de la música que tocaban sus ancestros. Tras tocar por todos los locales e incluso en las calles de Cambridge (Massachussets), Elektra Records

la descubre y la ficha para publicar su primer disco, el homónimo *Tracy Chapman* (1988). Antes, aparece en el concierto homenaje a Nelson Mandela, cosa que la hará mundialmente famosa. Por eso el disco se vende más que bien, especialmente gracias a la canción «Fast Car» que la lleva al top ten de las listas americanas. Su segundo trabajo, *Crossroads* (1989), la muestra más politizada y pone el foco de su pop folk en los cantautores folkies de los sesenta. Acumuladora de Grammys y certificaciones de platino, cada disco de Tracy es un nuevo éxito de ventas y críticas. Trabajos como *Matters Of Hearts* (1992), *Telling Stories* (2000) o *Our Bright Future* (2008) son auténticas delicias folk rock, que no hacen sino afianzar el respeto que los críticos sienten hacia una mujer tremendamente implicada en cualquier causa social que llame su atención. Pronto será puesta al nivel, o incluso por encima, de Suzanne Vega, cosa que no es de extrañar. Aparentemente retirada tras su disco de 2008, en 2015 publica un Grandes Éxitos y asegura que no lo está, aunque poco más hemos vuelto a saber de ella.

Violent Femmes La vanguardia reaccionaria

Milwaukee (Wisconsin), 1979 – Actualidad

Gordon Gano (guitarra y voz), Brian Ritchie (bajo) y Victor DeLorenzo (percusión) son una de las bandas más atípicas de la Historia. Y de las mejores, nos permitimos apuntar. Su única y peculiar fusión de folk y punk ayudó a sentar, durante los ochenta, los cimientos de lo que más tarde sería conocido como rock alternativo, ese cajón de sastre en el que acabó metido

hasta el último mono. El espléndido disco homónimo con el que debutaron en 1983 contenía ya algunos de los temas que serían clásicos en su repertorio («Blister in the Sun», «Add It Up», «Gone Daddy Gone»); canciones de inequívoca base folk interpretadas con una urgencia y un desvarío insólitos. Sin desdeñar el rock y la new wave como aderezos, la banda seguiría entregando trabajos de enjundia como *Hallowed Ground* (1984), *The Blind Leading the Naked* (1986) o *3* (1989), transitando por los noventa con sus particulares historias de asesinatos, sexo e imaginería religiosa, interpretados casi siempre desde una óptica sarcástica, cuando no aplastantemente cínica y cortante. Valgan para entender su filosofía las declaraciones de un joven Gano en 1983 para la revista *Rolling Stone*, cuando comentaba «somos vanguardistas porque somos muy reaccionarios. La mayoría de la música de ahora es formularia, antiemocional y decadente. Nosotros regresamos a la improvisación, a las emociones puras y primitivas y a los sonidos de antaño» . Lo dejarían en el 2000 para volver al cabo de quince años con dos nuevos trabajos, *We can do Anything* (2016) y *Hotel Last Resort* (2019).

El folk irlandés y el celtic punk

La música tradicional irlandesa, pese a hundir –como tantas otras– sus raíces en la noche de los siglos, ha llegado a nuestros días en base a una tradición de unos doscientos años atrás, grosso modo. Básicamente, desde
que en el siglo XIX se establecieron en Dublín una serie de impresores de
baladas, poniendo negro sobre blanco lo que hasta entonces había sido
transmisión oral pura y dura. Transmisión de padres a hijos, de vecino a vecino tanto en los verdes pastos de la isla como viajando al Nuevo Mundo y
formando parte –junto a otros– de los cimientos de ese nuevo cancionero
popular americano, tan deudor de la Vieja Europa en muchos aspectos.

De este modo tanto las llamadas *sean–nós songs* (canciones sin acompañamiento, interpretadas a capela) como las *caoineadh songs* o lamen-
tos llegaron a la ciudad desde las zonas rurales, donde en el siglo XX y
mayormente respetando los instrumentos tradicionales, una serie de músicos profesionales las popularizarían –convenientemente revisadas– a
nivel internacional. Ello a pesar de que desde el término de la Segunda
Guerra Mundial hasta finales de los años cincuenta, la música folk irlandesa se tuvo en no demasiada consideración tanto a nivel de público como
de crítica e industria. Sería a rebufo de la escena inglesa y especialmente
tras el éxito de The Clancy Brothers y Tommy Makem en Estados Unidos
en 1959, cuando el folk irlandés volvió a ponerse de moda.

Así, a partir de los sesenta y los primeros setenta y de ahí en adelante,
nombres como Planxty, Loudest Whisper, Tír na nÓg, Clannad, The Bothy
Band, Paddy Reilly o The Wolfe Tones entre otros muchos se encarga-
ron de volver a poner sobre el tapete las flautas y los banjos, mandolinas,
acordeones y violines tan definitorios del sonido celta, con dos nombres
destacados a mucha distancia del resto: The Chieftains y The Dubliners.
La tradición seguiría adelante con cantantes como Mary Black o Sharon
Shannon y con bandas de rock que incorporarían ciertos elementos folkies

a su sonido: Thin Lizzy, The Frames, The Golden Horde, The Saw Doctors, Horslips... e incluso a través de elementos foráneos como los Waterboys.

Pero paralelamente a todo ello, que no dejaba de ser mayormente continuista respecto a los ancestros, a inicios de los ochenta surgiría un fenómeno que nadie esperaba: la fusión del folk irlandés con el espíritu del punk nacido un lustro atrás. Los hijos del imperdible nunca habían echado el ojo a la Isla Esmeralda en ese sentido hasta que a un *paddy* emigrado a Londres, un tal Shane MacGowan, se le ocurrió combinar su energía juvenil, su herencia cultural y su sed inagotable para formar una banda que haría Historia. Con *Red Roses for Me* (1984), The Pogues sentarían las bases de un nuevo género, posteriormente bautizado como Celtic Punk, cuya estela seguirían cientos de bandas. Muchas de ellas y paradójicamente, nacidas al otro lado del charco e incluso en latitudes tan inopinadas como Noruega, Alemania o Australia. Y con ello, transmitiendo por medio orbe las viejas baladas, las *rebel and drinking songs* (no creemos necesaria la traducción) y las llamadas *sea shanties* (canciones de trabajo para acompañar el trabajo a bordo de grandes veleros mercantes) con denodado, eléctrico y etílico esfuerzo.

Dropkick Murphys|Boston, patria querida

Quincy (Massachusetts), 1996 – Actualidad

La huella irlandesa en Boston es de sobra conocida; una herencia que se puede constatar en un amplísimo legado histórico y cultural al que añadir a los Murphys. Nacidos en Quincy, un suburbio al sur de la metrópolis, trabajaron sin descanso el terreno a base de giras y varios discos de meridiano folk cervecero –*Do or Die* (1998), *The Gang's All Here* (1999), *Sing Loud, Sing Proud!* (2001)– hasta que, en el año 2004 consiguen un cierto éxito con un EP en el que versionan «Tessie», himno oficial de los Boston Red Sox, el equipo de béisbol local.

A partir de ese momento, la banda liderada por Ken Casey –cantante y bajista nacido en Massachusetts de padres irlandeses– no dejó de crecer, publicando discos cada vez más redondos así como un buen ramillete de canciones que son ya historia del celtic punk contemporáneo: «I'm Shipping Up to Boston», «The Boys Are Back», «Going Out in Style», «Rose Tattoo»...

Ásperos y potentes, muy punks dentro de lo celta, ellos mismos han explicado en más de una ocasión que su conversión llegó, inopinadamente, de la mano de «Barroom Hero», el primer tema que escribieron juntos. Al interpretarlo tanto en el local de ensayo como en directo, cayeron en la cuenta de lo mucho de folk irlandés que tenía la melodía vocal. Habiendo previamente rechazado la música tradicional de sus ancestros por cuanto consideraban era música de (sus) viejos, folklórica y caduca, de repente asumieron que esa herencia les había influenciado a todos ellos ni que fuera de modo inconsciente, así que no dudaron en incorporarla a sus esquemas punk, para terminarlas fusionando.

Tipos duros de verdad más allá de la pura imagen, con orgullo de clase trabajadora, con una sed inagotable y de sangre irlandesa la mayoría, gracias a discos tan notables como *The Warrior's Code* (2005), *Going Out in Style* (2011) o *Signed and Sealed in Blood* (2013) y muy especialmente a un directo con muy pocos rivales, del que han dejado muestra en álbumes como *Live on St. Patrick's Day* (2002) o *Live on Lansdowne, Boston MA* (2010), Dropkick Murphys se han convertido en referencia de primer orden en lo que a celtic punk se refiere.

Flogging Molly|Molly es nombre de huracán
Los Angeles (California), 1997 – Actualidad

Pese a haber nacido en Dublin, el líder de Flogging Molly, Dave King, tiene un pasado musical que podríamos calificar de poco céltico. Y es que, en la primera mitad de la década de los ochenta, el amigo fue cantante de Fastway, la banda paralela de 'Fast' Eddie Clarke y Pete Way. Dos figuras, Clarke y Way, más bien poco asociadas al folk. Y también por un breve periodo a principios de los noventa, ejerció de frontman de la banda de hard rock Katmandu. Pero he aquí que poco después, empezó el hombre a notar la

llamada de las raíces (algo así como el espíritu de sus antepasados instán-
dole a que dejara de hacer el lila) y montó un combo de folk rock irlandés,
actuando como banda residente los lunes por la noche en el famoso pub
de L.A. Molly Malone's.

Del club tomaron parte de su nombre, y de su escenario salió su debut,
el directo *Alive Behind the Green Door* (1997), con un repertorio que luego
han ido incluyendo, salteado, en varios de sus discos. Tres de ellos en su
bautizo en estudio –*Swagger* (2000), –al que siguieron dos trallazos como
Drunken Lullabies (2002) y *Within a Mile of Home* (2004).

Con ambos consiguieron un número creciente de seguidores, que vieron en ellos lo que eran y son: una de las mejores bandas de folk punk en
activo, si no la mejor; hijos de los Pogues y nietos de los Dubliners, por los
surcos de sus álbumes se pasean también The Clash, Horslips, Steve Earle, Waterboys o incluso Johnny Cash. Un cóctel de referencias que, unido
a la inspirada prosa de King, heredera de la mejor tradición del estilo, y a un
directo huracanado, les ha mantenido como referentes hasta el día de hoy.

Como curiosidad, reseñar que desde 2015, y en la tradición de otros
eventos similares, organizan anualmente uno de esos horteras y entraña-
bles cruceros temáticos por el Caribe –The Salty Dog Cruise– por cuyo
escenario han pasado ya nombres como Rancid, Gogol Bordello, The Real
McKenzies, Frank Turner, The Skatalites o Buzzcocks.

Greenland Whalefishers ¡Ballena a estribor!

Bergen (Noruega) 1994 – Actualidad

«Greenland Whale Fisheries» es el título de una añeja y conocida *sea song* (melodías tradicionales cantadas a bordo de los navíos). Una elección más que acertada por parte de Arvid y Gunnar Grov, dos hermanos noruegos aficionados al folk irlandés. Sin apenas experiencia, reclutando a unos amigos y dedicando miles de horas a los ensayos, lo suyo fue un aprendizaje sobre la marcha hasta conseguir la soltura y la energía que buscaban.

Y de amateurs con los referentes bien claros, han acabado por serlo ellos mismos de cara a no pocas bandas posteriores que los citan como influencia.

Próximo a cumplirse su trigésimo aniversario, con un puñado de excelentes discos –*The Mainstreet Sword* (1996), *Loboville* (2001) o *The Thirsty Cave* (2015) entre los más recomendables– y una reputación en directo a prueba de bombas, los cazaballenas se han convertido, tal vez, en la banda más clásica de la segunda hornada del folk punk, en el sentido de respetar –en ocasiones casi hasta el mimetismo– el legado de los pioneros. A ello contribuye el control sobre el volumen de las guitarras, presentes pero no tan aceradas como las de otras bandas del palo, y la voz de Arvid, cuyo timbre e inflexiones recuerdan horrores (el acento ya no tanto, por razones obvias) al gran Shane MacGowan.

The Chieftains|Oficiosos embajadores de Irlanda

Dublín, 1962 – Actualidad

The Chieftains arrancaron su andadura en 1962 cuando Paddy Moloney –buscando dar salida a sus arreglos instrumentales de melodías irlandesas– reunió a varios colegas de Ceoltóirí Chualann, la orquesta folclórica creada por Sean O'Riada.

Con una escena, por entonces, dominada por The Dubliners y The Clancy Brothers, al folk enteramente instrumental de Paddy y sus muchachos le costó y no poco hacerse un hueco. De hecho, durante los doce primeros años de carrera, solo actuaron en su tiempo libre, viéndose obligados a mantener sus trabajos diarios. Y Paddy ha contado en más de una ocasión que a su madre le gustaba tocarle las narices diciendo que la música no era un trabajo de verdad, incluso cuando la banda se hizo famosa internacionalmente. Ese punto de inflexión llegaría en 1975, presto a publicarse *The Chieftains 5*, siendo votados Grupo del Año por el *Melody Maker*.

A partir de entonces el ascenso de la banda fue imparable. Participan en la banda sonora de *Barry Lyndon*, triunfan en el Cambridge Folk Music Festival, y agotan entradas en el Albert Hall. Era el inicio de una carrera que se extendería hasta nuestros días, grabando más de cincuenta álbumes, colaborando con todo quisqui (de Madonna a Pavarotti, The Rolling Stones o Mark Knopkfler) y consiguiendo tanto multitud de galardones como un reconocimiento crítico y popular a su legado, que les ha erigido en los verdaderos embajadores de la música tradicional irlandesa.

The Dubliners|Notas emergiendo del fondo de una pinta
Dublín, 1962 – 2012

The Dubliners son la quintaesencia del folk irlandés, la formación que durante medio siglo (entre 1962 y 2012) puso banda sonora a la vertiente más tradicional de la Isla Esmeralda. Su cabeza visible, Ronnie Drew, pasó parte de los años cincuenta en España como profe de inglés, aprendiendo a su vez el castellano y, de rebote, la guitarra flamenca. De vuelta en Dublín, The Ronnie Drew Ballad Group empezó a funcionar de pub en pub hasta que deciden pillarle prestado el nombre a Joyce y firmar con Minor Major Records en 1965. A partir de ahí su popularidad, gracias a ser radiados con asiduidad desde la famosa emisora pirata Radio Caroline, se dispara; consiguen aparecer en 1967 en Top of the Pops, interpretando sus ya clásicos por entonces «Seven Drunken Nights» y «The Black Velvet Band», y poco después al otro lado del charco en el mítico show de Ed Sullivan. Mantendrían su estatus a lo largo de los setenta e incluso lo verían revigorizado en la década siguiente gracias a sus colaboraciones con The Pogues.

Pese a las deserciones y cambios en la formación, The Dubliners consiguieron dar a conocer la música folk irlandesa a diversas generaciones incluso en el nuevo siglo, ya fuera a través de sus propios temas como recuperando un cancionero tradicional («Whiskey in the Jar», «The Wild Rover», «Foggy Dew» y decenas más) en unas versiones que, mayormente, se consideran a día de hoy como las definitivas.

The Mahones|De Shakespeare Road al cielo

Kingston (Ontario), 1990 – Actualidad

De lo que fue inicialmente una banda improvisada para tocar en un St. Patrick's Day en 1990, a convertirse en uno de los referentes del folk punk celta. Eso es, en pocas palabras, The Mahones. Y es que ante la entusiasta respuesta del público aquel día, Finny McConnell decidió formar un grupo estable que aunara su cultura irlandesa (es oriundo de Dublín) y su afición por el punk rock.

Bautizándose en claro homenaje a The Pogues, los de Ontario llevan un bagaje a cuestas que incluye una docena de discos de estudio, dos directos, y un historial de giras compartiendo escenario con nombres de toda calaña, desde Stiff Little Fingers o Shane MacGowan hasta Chuck Ragan, Steve Earle o Van Morrison entre otros muchos.

Una de las bandas más eclécticas del folk punk, sin discusión, Finny y sus muchachos son capaces de pergeñar dipsómanas serenatas tanto como emotivos medios tiempos. Una versatilidad que, unida a cierto ramalazo folk–pop, les ha llevado también a entrar en el mundo del celuloide, aportando temas a no pocos films de Hollywood.

Como en otros casos, y sin menospreciar sus primeros trabajos en absoluto, la crema de su producción la encontramos en sus discos de madurez; más concretamente en *Angels & Devils* (2012) y muy especialmente en *The Hunger and The Fight*, primera obra conceptual del estilo publicada en dos partes, en 2014 y 2015. Más acústica y folkie la primera, eléctrica y punkie la segunda, la obra traza un fascinante recorrido por la historia, cultura y música irlandesas a lo largo de los siglos. Un *tour de force* realmente especial de una banda que no lo es menos. Y es que a alguien que cita como mayores influencias a The Clash, The Pogues, The Who y Hüsker Dü, la clase y la personalidad se le presuponen.

The Pogues|Una banda de las que no encuentras cada día
Londres, 1982–1996 / 2001–2014

Vamos directos al grano: The Pogues tienen una relevancia capital en la historia de la música popular. Punto. Jamás ninguna banda había entroncado el folk y la tradición musical irlandesa con el rock, el pop y –sobre todo– el punk (como música y como actitud) como lo hicieron ellos. Fueron los primeros, fueron pioneros, y eso es indiscutible.

Liderados por el inefable Shane MacGowan, en su etapa clásica (de 1984 a 1990) nos dejaron cinco joyas, las tres primeras imprescindibles: *Red Roses for Me* (1984) *Rum Sodomy & The Lash* (1985) e *If I Should Fall from Grace with God* (1988). Todo ello unido a un directo sin rival en su momento.

Pero en contra de lo que muchos todavía piensan, su amplísima paleta sonora trasciende géneros y estilos. En los discos de los Pogues hay revisión de la música folk más clásica y festiva, sí («Streams of Whiskey», «Sally MacLennane», «The Recruiting Sergeant», «Jesse James»), adaptación de la misma a esquemas más punkies («If I Should Fall from Grace with God», «Boys from the County Hell», «Bottle of Smoke») y canciones con influencias de distintos países («Turkish Song Of The Damned», «Summer in Siam», «Afro–Cuban Be–Bop»). Pero también sonido sixties («Yeah, Yeah, Yeah»), baladas tradicionales («I'm A Man you don't Meet Every Day», «Danny Boy», «Dirty Old Town»), pachanga pura y dura («Fiesta», «Blue Heaven»), valses («And The Band Played Waltzing Mathilda») rock de corte

más clásico («Lorelei», «White City»), versiones de standards de décadas atrás («Miss Otis Regrets/Just One Of Those Things» de Cole Porter), y por supuesto baladas capaces de destrozar el corazón más encallecido («Fairytale Of New York», «Misty Morning, Albert Bridge», «The Broad Majestic Shannon», «A Pair of Brown Eyes»).

La marcha de Shane y su maltrecho hígado a principios de los noventa dejaría huérfana a la banda, que facturó un par de correctos trabajos antes de tocar retirada en 1996. Volverían con él en una segunda y larga etapa, entre 2001 y 2014, para que todos aquellos que no los pudimos disfrutar en directo en su día tuviéramos una segunda oportunidad.

Y aún a día de hoy su sonido y sus letras siguen siendo inimitables. Y sí, hay muchos grupos que los citan como influencia, pero ninguna banda ha llegado a sonar como ellos. Con su energía, su eclecticismo, su variedad y su enorme capacidad para emocionar.

The Real McKenzies|Hay que ser muy hombre
para llevar falda
Vancouver, 1992 – Actualidad

Treinta años nada menos lleva en la brecha Paul McKenzie al frente de su banda, haciendo con la tradición folk escocesa lo que tantos otros con la irlandesa. Tipo magnético y carismático, el de Vancouver es todo un referente del sonido celta más contundente, ayudado por su innegable talento para la escritura y un no menor sexto sentido para rodearse de buenos músicos, que contrata y despacha con una soltura admirable, digna del departamento de Recursos Humanos más despiadado. Más de cien asegura que han pasado por la banda, ahí es nada.

Esgrimiendo la gaita como elemento diferencial, y encajándola con singular tino entre ebrios guitarrazos y coros de taberna, The Real McKenzies llevan en su cuenta trece álbumes de estudio, desde su ya lejano debut homónimo en 1995. Trece andanadas en las que podemos encontrar material propio de primer orden («Drink Some More», «The Tempest», «Chips», «Pour Decisions») al igual que un buen puñado de temas tradicionales pasados –eso sí– por su particular cedazo («Ye Banks and Braes», «Loch Lomond», «Auld Lang Syne», «Barrett's Privateers»…). Y todos ellos interpretados siempre entre lo dipsómano y lo combativo, añadiendo a la ecuación un cierto halo poético y una más que oportuna socarronería. Un sano y gamberro sentido del humor que se manifiesta asimismo en muchos de sus videos, mostrándoles siempre con una pinta o un whiskey en la mano y ataviados con el obligado kilt del clan.

¿Por dónde empezar con ellos? Los autores sentimos debilidad por *10,000 Shots* (2005), *Off the Leash* (2008) y *Westwinds* (2012), una trilogía

de madurez prácticamente insuperable. E insertada en medio, una joya en directo –*Shine Not Burn* (2010)– documentando un show acústico en Berlín que demuestra que, como todas las grandes bandas con un repertorio sólido, desenchufados no resultan ni menos inspirados, ni menos rotundos.

The Tossers|Elegancia folk, ímpetu punk

Chicago (Illinois), 1993 – Actualidad

Cultura y tradición, patrimonio y herencia, la conexión irlandesa de The Tossers va mucho más allá de la simple recreación y/o adopción de un folclore musical que su cantante y líder, Tony Duggins, reconoce que fue banda sonora de su niñez en Chicago; lo que se escuchaba en casa y en el vecindario: «había escuchado música irlandesa toda mi vida y nunca le di mucha importancia. Estaba ahí, en segundo plano, como la música coun-

try. Pero llegaron los Pogues y aquello moló mucho. Y me dije: Uau, puedo conectar con eso; gracias a venir de dónde vengo, ¡yo puedo hacer eso!» .

Veteranos sin ánimo de licenciarse, es el suyo uno de los exponentes más puros del paso adelante que dio el folk irlandés en los años noventa. En formación clásica de sexteto (voz y mandolina, guitarra, bajo, batería, flauta y violín), dominan con igual pericia los himnos taberneros y las baladas tradicionales, elevando el tono tanto por intensidad como por volumen. No en vano desde la página web de su club de fans se les publicita como «la banda de folk más ruidosa del mundo» .

Tres discos entre los años 1994 y 2001, más un EP y un par de singles compartidos conforman una primera etapa que vale la pena revisar, como introducción a su música, a través del recopilatorio *Communication & Conviction: Last Seven Years* (2001).

Pero será a partir de entonces cuando saquen parte de su mejor material con una magnífica terna de discos – *Purgatory* (2003), *The Valley of the Shadow of Death* (2005) y *Agony* (2007)– al tiempo que documentan su explosivo directo con *Gloatin' and Showboatin': Live on St. Patrick's Day* (2008).

Tan elegantes con sus instrumentos como en su indumentaria, con *The Emerald City* (2013) y *Smash the Windows* (2017) siguieron confirmando que es la suya una condición necesitada de mayor reconocimiento. No tanto en Estados Unidos, donde se les considera en justa medida, pero si en Europa, donde siguen siendo un nombre un tanto desconocido para los aficionados al folk irlandés.

El neo folk de los noventa

No, sin duda ni el folk ni el folk rock fueron estilos dominantes en los noventa. Pocos expertos destacarían el género en una década en la que pasaron muchas cosas en lo musical. Fueron los años del grunge encabezado por Nirvana, Pearl Jam o Soundgarden. También los años del hardcore melódico y el pop punk, con unos veteranos como Bad Religion abriendo el terreno a bandas como Green Day, Rancid o NOFX. El movimiento riot grrrl también pedía su espacio con Bikini Kill, L7 o Babes in Toyland como punta de lanza. También asomaron la cabeza el nuevo brit pop (Oasis, Blur, Suede, Pulp…), el neo swing (Big Bad Voodoo Daddy, Royal Crown Revue, Cherry Poppin' Daddies) y hasta la fusión con bandas como Faith No More o Rage Against The Machine partiendo la pana o el revival de los setenta personalizado en The Black Crowes o The Quireboys. Hay un estilo, eso sí, que consiguió hacerse hueco entre tanta cantidad de corrientes emparentado directamente con el folk rock. Hablamos, claro está, del americana. Una definición, a día de hoy, todavía complicada. Un cajón de sastre en el que cabía casi cualquier grupo que tirara de la tradición del country rock, y ahí entraban también grupos de los que ya hemos hablado como The Eagles, The Byrds o Country Joe & The Fish. Un flujo de grupos y solistas inacabable que al amparo de la revista *No Depression*, cuyo título proviene del muy folk rock disco de Uncle Tupelo del mismo nombre, alumbraría a bandas como Wilco, The Jayhawks, Son Volt, Whiskeytown, y tantas otras.

No se puede entender el folk rock de los noventa sin el americana, y viceversa. La línea que los separa es demasiado fina en muchas ocasiones, y eso hace que se disipen sus diferencias. Sin duda, este es un elemento para la consolidación de algunos nombres aparecidos en los ochenta y la aparición de otros que acabarían haciéndose un hueco en la historia del estilo. Igual que tampoco puede entenderse el folk rock de los noventas sin su conexión con el indie rock. El trasvase constante de influencias entre ambos estilos es tan evidente que es habitual que muchos de los nombres que vamos a tratar sean considerados, a la vez, folk rock y rock alternativo (la otra denominación del indie rock de los noventa).

Pero no podemos acabar esta introducción a ese neo folk de final del milenio sin hacer referencia a dos hechos que marcaron profundamente el mantenimiento de la esencia del género. El primero, y más evidente, es el auge de los llamados *MTV Unplugged*. Porque ¿qué eran esos conciertos «desenchufados» de la cadena de videoclips por excelencia sino la versión folk de muchos de los artistas que estaban de moda? De hecho, no es difícil encontrar en listas de los mejores discos de folk de los noventa los *Unplugged* de Nirvana, Alice in Chains y Eric Clapton ¿Era aquello realmente folk? Sí y no. Evidentemente no eran grupos de folk, pero lo que hacían con esos nuevos arreglos de sus canciones, basados en la tradición, era esencialmente folk.

El segundo de esos dos anunciados hechos claves quizá no sea tan evidente, pero ayudó a rescatar el género del olvido, e inspiró a muchos a sacar su guitarra acústica de la funda para enfrentarse a una audiencia en solitario. Su importancia viene dada por los nombres que lo protagonizan. Y es que estamos hablando de Bob Dylan y Johnny Cash. Y en concreto de sus discos. Porque, por sorpresa, Dylan decidió que sus álbumes de principios de la década, *Good As I Been To You* (1992) y *World Gone Wrong* (1993) fueran, precisamente, un conjunto de versiones de clásicos del folk. Mientras que Cash resucitaba, de la mano de Rick Rubin –y la ayuda también de la MTV– con el primer volumen de las *American Recordings* (1994) en el que más que country, interpretaba en clave folk temas de Nick Lowe, Kris Kristofferson o Tom Waits, junto a alguna revisión de su propia discografía. Así que, una vez situados vamos a los nombres que destacamos de la década. Porque, en su caso sí, ese era su tiempo y ese era su lugar.

Andrew Bird Silbador profesional
Illinois, 1973

Conocido como mano derecha de Jimbo Mathus en la banda de neo swing Squirrel Nut Zippers, la carrera en solitario de Andrew Bird arranca en 1996 con el disco *Music of Hair*, donde muestra su inclinación por un

sonido cercano al folk y al blues, que
virará más hacia el folk rock con su
segunda referencia, *Thrills* (1998),
ya publicado como Andrew Bird's
Bowls of Fire. Espléndido guitarrista acústico, el silbido es, sin
duda, su gran elemento diferencial, hasta el punto de ser
considerado un auténtico
maestro de esa técnica.
En 2003 se decanta defi-
nitivamente por el folk, y
se aleja de los sonidos
más experimentales,
siendo su obra cum-
bre *Armchair Apo-
cyphia*.

Ani DiFranco|Excelso activismo musical

Buffalo (Nueva York), 1970

Nacida un 23 de septiembre de 1970 en Buffalo (Nueva York), el de Angela
Maria 'Ani' DiFranco es una de los grandes nombres aparecidos para el
folk y el folk rock en la década de los noventa. Una de las mujeres más
influyentes en cuanto a sonidos salidos de una guitarra acústica y de la
tradición de los trovadores, no solo de su generación, sino también de las
posteriores. Auténtico icono del feminismo, y excepcional guitarrista, Di-
Franco empezó su carrera intentando emular a Suzanne Vega con apenas
diez años aunque, ante unos primeros intentos infructuosos, decidió dejar
la música y dedicarse ¡al ballet! No tardó en volver al redil, y con catorce años ya andaba de nuevo dándole a la guitarra para acabar fundando con solo 18 y un capital de apenas 50 dólares su propia discográfica,
Righteous Babe Records, con la que editaría en 1990 su homónimo debut.
Rápidamente llama la atención tanto por su aspecto, donde combina desde la cabeza rapada hasta el pelo teñido de verde fluorescente, como por

su actitud y su firmeza. Su mezcla de
folk de actitud punk con cualquier
estilo que se le venga en gana, y su
destreza con la guitarra acústica
la hacen única. Y a ello hay que
sumar su compromiso además
de con el citado feminismo,
con el racismo, la pobreza,
los derechos reproductivos
o el abuso sexual. DiFranco es una activista, pero
eso no debe hacernos
olvidar que también es
una artista enorme.
Que con veinticinco
años fuera escogi-
da para participar
en un concierto

del Rock and Roll Hall of Fame en el que se inauguraban los archivos Woody Guthrie de Nueva York no es algo casual. Con una discografía prácticamente impecable, que incluye discos del calibre de *Not a Pretty Girl* (1995),
Dilate (1996), *Little Plastic Castle* (1998) o *Evolve* (2003), Ani DiFranco pasa
por ser una de las artistas más admiradas por el desaparecido Prince, o
por el enorme Maceo Parker. Casi nada. Su disco más reciente, a la hora de
escribir estas líneas es *Revolutionary Love*, publicado en 2021.

Beth Orton|Miss Folktronica

Norfolk (Inglaterra), 1970

Al contrario que la mayoría de músicos de folk rock, Elizabeth Caroline Orton no empezó su andadura con una guitarra acústica, sino colaborando
con gente como William Orbit, Andrew Weatherall o los Chemical Brothers.
Y precisamente con Orbit grabó su primer disco, *Superpinkymandy* (1993)
en una tirada limitadísima de edición japonesa. Pero fue en 1996 cuando con *Trailer Park* (que ella misma considera su primer disco como tal)

estableció las bases de su particular sonido, una innovadora mezcla de composición acústica con ritmos y bases electrónicas. El equilibrio entre ambas facetas se sostendría en el futuro, caso del espléndido *Daybreaker* (2002), aunque cuando se decanta por registros más desnudos, como en *Comfort of Strangers* (2006) o *Sugaring Season* (2012), sale igualmente ganadora.

Casada con Sam Amidon, otro iconoclasta deconstructor de la tradición folk, Beth Orton ha seguido siempre una cadencia de lanzamientos un tanto morosa; particularidad que sus fans asumen con la seguridad de que ello es la garantía para que cada nuevo trabajo sea un triunfo. *Kidsticks* (2016) y *Weather Alive* (2022), sus dos últimos álbumes, vuelven a confirmarlo.

Bonnie Prince Billy | Poliédrico e incontrolable
Louisville, Kentucky 1970

Leyendo Bonnie Prince Billy por Wild Oldham, excelente libro–entrevista de Alan Licht –quizá de los mejores del formato de todos los que existen– uno percibe cierta incomprensión por parte del artista hacia su música. Especialmente no entiende el por qué necesitó que una de sus canciones, «I See A Darkness» tuviera que ser incluida en uno de los volúmenes de las American Recordings de Johnny Cash, concretamente en el tres, *Solitary Man* (2000) para unificar en positivo las opiniones de crítica y público. Y aquí se mezclan dos cosas. Por un lado es cierto que la versión de marras, a la que Billy está tremendamente agradecido le dio más notoriedad pero, equivocada-

men-
te, el mú-
sico piensa que
hasta ahí no se le hacía
el caso que merecía y eso no es
del todo cierto. Cuando Johnny Cash
graba el tema, Will Oldham o Bonnie Prince
Billy, tanto da, ya es una de las grandes estrellas del
folk rock de final de milenio. Otra cosa es que el folk rock, en
general, no fuera el género predominante, ni de lejos, en la escena
musical. Pero si alguien pregunta a cualquiera por los cinco músicos más
influyentes del género en los noventa, uno de los nombres que saldrá, sí o
sí, es el de este tipo nacido en Louisville en 1970.

Tan incontinente como variado en su propuesta, Oldham ha grabado discos con su pseudónimo principal y que corona este apartado, pero también ha aparecido en directo o en disco como Palace, Palace Music, Joya, Guarapero o Palace Brothers, y en todos ellos la influencia del folk rock de los sesenta y los setenta ha estado presente aunque, como en tantos otros casos de este volumen, ha sido calificado en ocasiones de country alternativo o americana. Su primer LP, publicado como Palace Songs es *Ohio River Boat Song*, y llega en 1992. No se le suele dar mucha importancia, pero es el que marcará su carrera y, concretamente, su estilo. Su marca de la casa pasará a ser una voz aguda, una lírica cercana a la poesía y la búsqueda constante de los entresijos del blues, el country y especialmente el folk de principios de siglo y el folk rock de la segunda mitad. Esto se traduce en más de veinte discos en estudio como Bonnie Prince Billy a los que sumar dos como Palace Brothers, dos como Palace Music y uno, simplemente, como Will Oldham ¿Su mejor obra? Probablemente *I See a Darkness* (1999), primero de los álbumes publicados como Bonnie Prince Billy y sexto trabajo de su carrera ¿Su mayor logro? Conservar intacto ese magnífico bigote.

Bright Eyes|El capricho de Conor

Omaha (Nebraska), 1995 – Actualidad

Podemos hablar de Bright Eyes o de Conor Oberst. Tanto monta, monta tanto. Al final, con proyectos tan unipersonales como este, uno no acaba de tener del todo claro donde acaba el grupo y donde empieza el solista, y viceversa. En todo caso, sí que podemos estar de acuerdo en que el suyo es uno de los grandes nombres del folk rock de finales del siglo pasado y lo que llevamos de este. De hecho, pensándolo bien, Bright Eyes siempre ha sido un proyecto paralelo a algo. Y es que arrancó mientras Oberst lideraba la banda de indie rock Commander Venus para luego convertirse en su proyecto musical principal. En 1997, Connor deja al comandante venusiano para centrarse en Bright Eyes ¿o no? Porque en 1996 ya había publicado un siete pulgadas compartido con Bll Hoover con su propio nombre. Por tanto, Bright Eyes nunca tendrá un camino en solitario. Cosas de los incontinentes musicales.

Si siempre se dice que el primer disco de un grupo suele ser un recopilatorio de sus mejores canciones, en el caso de Bright Eyes es más evidente que nunca, ya que en 1998 publican *A collection of songs written and recorded 1995 – 1997*. Un disco revolucionario, en el que Connor une el folk con sonidos electrónicos y bases programadas. El primero de los catorce lanzamientos que actualmente acumula la banda, y entre los que se incluyen un disco navideño, uno de rarezas y un EP. Inquieto como pocos, en 2001, Conor forma la banda de punk Desaparecidos, y en 2008 a The Mystic Valley Band, la banda que le acompañará en sus discos en solitario. En estos, el músico no experimenta tanto

como con Bright Eyes y apuesta por algo más clásico e identificable como folk rock. Hasta la fecha ha publicado seis discos, destacando *Outer South* (2009) y especialmente *Salutations* (2017) que editó en dos versiones, una eléctrica y otra más acústica.

Cowboy Junkies|Un meteorito de algodón

Toronto, 1985 – Actualidad

Los hermanos Timmins (Michael, Peter y Margo) junto a su amigo de toda la vida Alan Anton, se dieron a conocer internacionalmente con su segunda grabación, *The Trinity Sessions* (1988). Ese disco, grabado en la iglesia de la Sagrada Trinidad de Toronto con la banda alrededor de un solo micro, era –y sigue siendo– un prodigio de minimalismo folk rock. Un elepé que *Los Angeles Times* incluyó como uno de los diez mejores de aquel año. No se mantendrían tan espartanos a partir del siguiente, el igualmente magnífico *The Caution Horses (*1990), pero pese a electrificar su sonido y añadir matices y arreglos en sus siguientes trabajos, su música siempre se ha ido desarrollando en parámetros de baja intensidad rítmica, que no emocional. «Cuando empezamos, nuestro principal objetivo no era durar mucho como grupo, sino que lo hiciera la música» , afirmó en cierta ocasión Michael Timmins, guitarra y principal compositor de la banda. «Teníamos la

esperanza de que nuestra sinceridad se contemplara a través de las canciones». Tras tres décadas y media de carrera, con una carrera ejemplar y una discografía igualmente intachable, podemos decir que el primero de sus objetivos (por suerte) no se ha cumplido, pero el segundo sí lo ha hecho. Y con creces.

Current 93 |Haz tu voluntad, esa será toda ley
Londres, 1982

La carrera de Current 93 tiene no pocas concomitancias con la de Death in June. Ambos comparten unos inicios ruidosos, en lo experimental, y una posterior transición hacia el neo-folk (también llamado folk apocalíptico, para asustar a los niños). Y ambos son el vehículo de expresión de un solo artista, en su caso David Tibet. Un tipo de lo más peculiar, interesado desde pequeño en el budismo y posteriormente en el misticismo cristiano y en las enseñanzas ocultistas de Aleister Crowley (el propio nombre de la banda proviene de la filosofía Thelema). Prolífico, brillante y provocador, Tibet ha firmado alguno de los discos de folk más peculiares e innovadores de las últimas décadas, amén de colaborar con músicos más o menos cercanos en concepto, caso de Nick Cave, Throbbing Gristle y por supuesto Douglas P. Ello sin contar su labor al frente de su propio sello, Durtro, descubriendo a gente de la talla de Antony & The Johnsons o Baby Dee, o reivindicando nombres como los de Bill Fay o Simon Finn.

Damien Jurado|El sonido de un hombre sencillo
Seattle, 1972

El de Damien Jurado es otro de esos nombres que pueden calificarse de folk rock, indie rock o muchas otras etiquetas. No hay duda, eso sí, de lo folkie de sus orígenes, grabando sus canciones solo con su guitarra acústica en radiocasetes que iban haciéndole un nombre en su Seattle natal. Ojo a eso. Imaginen lo que debía ser en una Seattle en plena efervescencia grunge, con los grupos desgañitándose en escena, expresando su rabia, la llegada de un cantautor más bien clasicote, con el pelo corto, cantando sobre temas íntimos. Pues, por sorpresa, es precisamente Sub Pop, la discográfica por excelencia del grunge la que confía en él, lo ficha y publica su primer disco, *Waters Ave S* en 1997. Aseguraba Thomas Britt en una entrevista con el artista en 2018, justo después de la publicación de su decimoséptimo disco, *The Horizon Just Laughed*, que «un aspecto de la composición de Jurado que lo distingue cada vez más de otros artistas en el área general del folk rock es su aparente compromiso con la esperanza. Incluso cuando explora experiencias humanas deprimentes y desafortunadas, sus canciones no son nihilistas ni cínicas» . Un interesantísimo resumen de como Damien trata sus letras desde sus inicios. Incluso en el oscuro *Ghost of David* (2000) se encuentran trazos de esa esperanza.

Hombre tranquilo, apasionado de sus canciones, y con cierto carácter explorador –siempre ha sido de esos músicos interesados en probar diversas formas de grabación–, Damien Jurado es uno de esos geniecillos de la canción que, de vez en cuando, remueven una parte del panorama musical. La otra, evidentemente, ni se entera. Poco problema supone para un músico que sigue su propio camino sin importarle modas o tendencias. Alguien que no tiene problemas en contestarle a *Paste Magazine* cuando se le pregunta el por qué la mayoría de sus giras son con banda, que «la gente preguntaba «cuándo vas a salir con una banda?» . Así que hice una gira americana con banda y no fue muy bien recibido. A muchos de mis fans simplemente no les gustó, lo que pensé que era realmente extraño, porque no hago discos acústicos. Nunca he hecho un disco acústico». Lo dicho, respuestas sencillas de un tipo sencillo para preguntas sencillas.

Death in June|El hombre tras la máscara
Surrey (Inglaterra), 1981 – Actualidad

La carrera de Douglas Pearce (Douglas P. para los amigos) se inicia en el 77, en plena eclosión punk, en las filas de Crisis. De allí, a principios de los ochenta, se lleva al bajista Tony Wakeford y, añadiendo a Patrick Leagas nace Death in June. Pero su primera filiación post-punk pronto derivó (tras la deserción de los dos colegas) hacia un neo-folk (un sonido experimental que mezclaba elementos del folk y la música industrial, así grosso modo) del que fueron pioneros junto a nombres como Current 93. Así, e influenciado igualmente por el esoterismo, Douglas emprendería una trayectoria a partir de los 90 –especialmente con dos obras maestras como *But, What Ends When the Symbols Shatter?* (1992) y *Rose Clouds of Holocaust* (1995)– en la que se irán alternando los sonidos folk rock con la dark wave y lo experimental. Siempre, eso sí, desde un concepto marcadamente oscuro y hermético y colaborando con otros músicos vanguardistas como Boyd Rice, Albin Julius, John Murphy y, en general, con cualquier bicho raro que se le ponga a tiro. Creativamente incontinente, la discografía de Death in June (es decir, de Douglas) es tan extraña como fascinante. Todo un mundo en el que sumergirse.

Edie Brickell & New Bohemians

Estrella fugaz

Dallas (Texas), 1985 – 1990

Quien anduviera por la mayoría de edad a finales de los ochenta, y estuviera un poco al tanto de lo que se cocía en el circuito alternativo, a buen seguro se topó de frente con el bombazo de «What I Am», el single extraído de *Shooting Rubberbands at the Stars* (1988), debut de una cantante tejana que atendía por Edie Brickell. El single – que sonó por medio planeta– es una perfecta y pegadiza pieza, inserta en un álbum de marcado carácter naif, que ponía al día los postulados del folk rock para consumo de toda una nueva generación. Poco después, su versión del tema de Bob Dylan «A Hard Rain's a–Gonna Fall» aparecía en la banda sonora de *Nacido el 4 de Julio*, al tiempo que conseguía un cameo como cantante folk en el mismo film.

Pero igualar un primer disco de éxito no es tarea fácil, y como ha ocurrido tantas otras veces, su continuación no repitió la jugada. Pese a no ser un mal disco y cosechar ventas más que decentes, *Ghost of a Dog* (1990) carecía de un tema estrella a la altura de su predecesor. Tan rápido como subieron, los New Bohemians tiraron la toalla. Edie conocería en 1992 a Paul Simon en un *Saturday Night Live*, casándose con él poco después. Su carrera a partir de entonces no ofrecería nuevos alicientes. Un par de correctos discos a su nombre y una efímera reunión de los New Bohemians en 2006, de la que saldría el álbum *Stranger Things*, y para de contar.

Elliott Smith|El hombre de la triste figura

Omaha (Nebraska), 1969–2003

¿Puede considerarse a Elliott Smith músico de folk rock? No solo puede, sino que debe ser así. Dice la prestigiosa revista *Master Class* que el folk rock es «un subgénero de la música rock que se basa en gran medida en la música folclórica inglesa y estadounidense. Surgió a mediados de la década de 1960 cuando cantantes de folk como Bob Dylan y Roger Mc-Guinn tomaron guitarras eléctricas, y cuando bandas de rock como The Animals recurrieron al folk tradicional en busca de inspiración» . Teniendo en cuenta que Smith era un cantautor rock, que había mostrado su devoción por McGuinn y Dylan, y también por The Animals ¿hay alguna otra duda? ¿Seguimos? Venga. «El folk rock combina las armonías diatónicas puras de la música country y folk tradicional con la energía, los ritmos y la instrumentación de la música rock» . Parece la definición perfecta de la música de Elliott Smith, nacido como Steven Paul Smith. Considerado uno de los escritores de canciones más influyentes de su época, Smith representa como nadie el hastío vital y la depresión que caracterizó a buena parte del género especialmente en los noventa.

Aunque él, en una entrevista publicada por Spin se consideraba alguien triste, «no me siento más triste que cualquier otra persona. Estoy feliz durante un rato, y después no lo estoy» .

Smith empieza a tocar la guitarra con diez años y con catorce, tras mudarse con su padre –era hijo de padres separados– empieza a experimentar con las drogas, un problema que arrastrará toda su vida. Acaba graduándose en 1991 en Filosofía y Ciencias

Políticas en Massachusetts, aunque tiene claro que su futuro está en la música. Ese mismo año forma la banda Heatmiser, con la que grabará tres discos. Después de ello, Elliott debuta en solitario con dos discos consecutivos de marcado carácter folk, *Roman Candle* (1994) y *Elliott Smith* (1995). En 1997 da forma a su primera gran obra, *Either/Or* en el que confía en la fuerza de una banda que lo acompañe y donde empieza a ser considerado músico de indie folk o de folk rock, dejando algo de lado la etiqueta de cantautor. Son, eso sí, canciones marcadas por la fragilidad, por la delicadeza, por la timidez. Como toda su obra. Introspectivo como pocos, Smith nunca haría un mal disco. *XO* (1998), *Figure 8* (2000), *From A Basement On The Hill* (2004) y *New Moon* (2007) –estos dos últimos publicados tras su muerte– son consideradas auténticas obras maestras herederas de la música de Nick Drake. Una forma sublime de expresar el dolor, como fue su muerte. Aunque la autopsia nunca lo aclararía, las teorías más fiables aseguran que Elliott Smith se suicidó apuñalándose dos veces en el pecho. Tenía solo 34 años y, como otro de sus ídolos, Kurt Cobain, había sido todo un símbolo para una generación.

Glen Hansard |A veces una esquina es el mejor escenario
Dublín, 1970

Glen Hansard es de esos músicos a los que uno tiene que respetar sí o sí, y de cuyo éxito al cabo de los años solo cabe alegrarse si eres persona de bien. Porque hablamos de un tipo que, con trece añitos, mandó la escuela a tomar viento y se fue por las calles de Dublín a ejercer el noble arte de músico callejero. Así tal cual, en la mejor tradición de los viejos maestros folk, vamos. Y hablamos también de alguien que con apenas veinte años fundó una de las mejores bandas de indie folk de los noventa (los nunca suficientemente reivindicados The Frames) para, en 1991, formar parte del grupo que protagonizó el entrañable film de Alan Parker *The*

Commitments. Una serie de experiencias que confluirían en 2005, cuando formó el dúo de folk rock The Swell Season junto a la cantante y multiins-trumentista checa Markéta Irglová. A partir de ahí, con la publicación de su primer disco homónimo en 2006 y sobre todo con el estreno del film *Once* –protagonizado por ambos– en Sundance al año siguiente, el bue-no de Glen vio por fin reconocido su talento a nivel internacional. Tanto el *soundtrack* de la película como un segundo disco con Markéta –*Strict Joy* (2009)– siguieron la estela marcada, tras la cual el irlandés seguiría una carrera en solitario que ha dejado ya varias perlas en forma de álbum, al tiempo que ha seguido colaborando en diversas bandas sonoras.

Indigo Girls|Dos mejor que una
Athens (Georgia), 1985

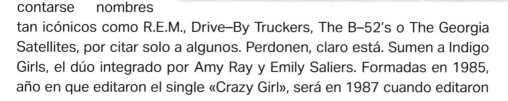

Athens, en pleno estado de Georgia, podría pasar por una de las ciudades más musicales de todos los Esta-dos Unidos, especialmente si te-nemos en cuenta su tamaño ¿La culpa? El hecho de que su ori-gen como urbe se encuentre en la creación de la Universi-dad de Georgia tiene mucho que ver. Eso significa jóve-nes, y jóvenes significa movimiento cultural. De ahí que en tan pequeño emplazamiento, con poco más de 100.000 habitantes, puedan contarse nombres tan icónicos como R.E.M., Drive–By Truckers, The B–52's o The Georgia Satellites, por citar solo a algunos. Perdonen, claro está. Sumen a Indigo Girls, el dúo integrado por Amy Ray y Emily Saliers. Formadas en 1985, año en que editaron el single «Crazy Girl», será en 1987 cuando editaron su primer álbum, *Strange Fire* a rebufo de la figura de otras mujeres como Tracy Chapman o Suzanne Vega, aunque sería en los noventa cuando alcanzarían su momento de máximo esplendor. Tras fichar por Epic Records, una major, en 1989 cierran década con un disco homónimo que incluye su célebre «Closer To Fine», y en 1990 repiten éxito con el más que notable *Nomads, Indians, Saints*. En la década editarán seis discos más, pero con *Come on Now Social* (1999) empiezan dar síntomas de agotamiento de su fórmula, evidentemente acústica y con el origen de su sonido en el folk y el blues tradicional. Como buenas músicas de folk, se han caracterizado por su activismo desde sus inicios, ya sea en favor de los nativos americanos o en favor del movimiento LGTBI. En la actualidad siguen editando discos aunque cada vez de forma más dilatada en el tiempo.

Iris DeMent|Madre tenía un sueño

Paragould (Arkansas), 1961

Flora Mae, la madre de Iris Luella DeMent, tuvo una vez un sueño: viajar hasta Nashville y conseguir triunfar como cantante. En vez de eso se casó, y tuvo ocho hijos, Iris la última. Si le sumamos que su marido traía ya seis churumbeles de su anterior matrimonio, nuestra protagonista creció siendo la menor de catorce hermanos en una familia de confesión pentecostal que acabaría por mudarse a California. Allí, influenciada por el folk, el country y el góspel, Iris acabaría por cumplir, en cierto modo, el sueño de su madre.

En los noventa, con tres álbumes en cinco años –*Infamous Angel* (1992), *My Life* (1993) y *The Way I Should* (1996) –, se convirtió en uno de los talentos más prominentes del nuevo folk y country alternativo. Su distintiva voz, reminiscente de la Carter Family, y unas letras personales e introspectivas hicieron de canciones como «Our Town», «Let the Mystery Be» o «When My Morning Comes Around» auténticos clásicos de final de siglo. Algunas de ellas se incluirían en series ya de culto, caso de *Northern Exposure* o *The Leftovers.* Tras un parón de varios años, seguirá su carrera a principios de los 2000, colaborando con John Prine, haciendo duetos con Steve Earle y Emmylou Harris y grabando esporádicamente. Solo, como ha señalado en más de una ocasión, cuando tiene algo que decir.

Jason Molina|La insoportable levedad del ser
Ohio, 1973–2013

En 2011, la madre de Jason Molina pedía a los fans de su hijo que lo ayudaran. Arruinado y castigado severamente por su adicción al alcohol, el músico no tenía dinero para poder ingresar en una clínica de desintoxicación. Gracias a la ayuda de sus fans, en 2012 pareció salir del pozo, e hizo pública su recuperación en las redes sociales. Pocos meses después, un 13 de marzo de 2013, Molina fallecía a causa de un fallo multiorgánico provocado, una vez más, por la sobredosis de alcohol que había en su cuerpo. Así se iba uno de los músicos más brillantes del folk rock de las últimas dos décadas. Un tipo que había iniciado su carrera en 1997 y se había mantenido sobre los escenarios de manera ininterrumpida hasta 2009. Ya fuera como Songs: Ohia, como Magnolia Electric Co. o firmando con su propio nombre, este músico nacido en Oberlin, Ohio, en 1973, está considerado un auténtico genio del folk rock contemporáneo. Su primer proyecto serio fue Songs: Ohia, que debuta discográficamente en 1997. Será el primero de sus dieciséis álbumes de estudio con diferentes nombres. En 2003, uno de los discos de Songs: Ohia da nombre a su siguien-

te proyecto, Magnolia Electric Co., aunque sus estilos no difieran en exceso y se haga complicado saber para qué banda se encuentra trabajando Molina. Ese mismo año empezaron los problemas con el alcohol, mientras su figura era comparada con grandes del folk como Bob Dylan o Phil Ochs. Su adicción fue ocultada durante mucho tiempo hasta el citado comunicado de su madre en el que, tras cancelar su gira de 2009, aseguraba que su hijo había permanecido durante dos años entrando y saliendo de centros de rehabilitación de Londres, Chicago y Nueva Orleans. Como hemos visto, nunca iba a recuperarse. Como cantaría en su canción «Alone With The Owls» se iría «aullando con los búhos, dolor, dolor, dolor. No tienes que vivir de esa manera» .

Uncle Tupelo|Raíces hundidas en tierra alternativa
Belleville, (Illinois), 1987 – 1994

Ocho años y cuatro discos bastaron a la banda de Jay Farrar y Jeff Tweedy para marcar buena parte de la música de raíces que se facturaría a partir de los noventa. Recogiendo el legado clásico del folk y el country, los de Belleville seguirían la estela dejada por Richmond Fontaine o Whiskeytown y le añadirían la distorsión del punk y el hardcore para crear lo que acabó por denominarse alt-country. Su magnífico álbum de debut, *No Depression* (1990) incluso prestó su nombre a una influyente revista sobre ese nuevo country alternativo. Ellos, no obstante, no lo veían tan claro. En 2003 Mike Heidorn, batería de la banda, declararía al *Country Standard Time* que «la gente se equivoca diciendo que nosotros empezamos algo, pues solo estábamos recogiendo una pelota que comenzó con Woody Guthrie y luego yendo hasta principios de los sesenta y los Flying Burrito Brothers,

quienes nos influenciaron. No dimos comienzo a ningún género. Solo contribuimos a una larga estirpe de buena música» .

Puede que sea así, pero el impacto y la influencia de Uncle Tupelo siguen ahí. A través de su propio legado y a través de las dos bandas que nacerían después de que los dos líderes partieran peras: Farrar con Son Volt y, en mucha mayor medida, Tweedy al frente de los imprescindibles Wilco.

Vic Chesnutt|Víctima del sistema
Jacksonville (Florida), 1964–2009

A los cinco años, Vic Chesnutt ya componía sus propias canciones. A los cuarenta y cinco fallecía en un hospital de Athens, a causa de una sobredosis de relajantes musculares. Muy afectado durante toda su vida por el accidente automovilístico que tuvo con dieciocho años y que le dejó paralítico y con fuertes dolores permanentes, decidió cambiar su vida tras ese trágico hecho y trasladarse a Nashville a vivir, en busca de poder hacer carrera como músico y de una solución para su permanente depresión. Apasionado de la poesía de gente como Emily Dickinson o Stephen Crane, utiliza ésta como punto de partida de sus canciones. Ante la escasa repercusión de su música en la ciudad del country, se traslada a Athens, donde se cruzará con una figura capital en su carrera, Michael Stipe, cantante de R.E.M. Este producirá sus dos primeros discos, que no pueden sino calificarse de folk rock: *Little* (1990) y *West of Rome* (1991). Muy querido por toda la comunidad de la ciudad universitaria, en 1993 se convierte en el protagonista del documental *Speed Racer, Welcome to the World of Vic Chesnutt* que le dará cierta notoriedad, aunque más lo hará el disco benéfico *Sweet Relief II: Gravity of the Situation*, donde artistas como Madonna, Garbage, R.E.M., The Smashing Pumpkins o Soul Asylum interpretan sus canciones para conseguir fondos para aquellos músicos con problemas de salud, como Chesnutt, y que no pueden costearse los gastos médicos. El mismo año de la publicación de ese disco entre solidario y homenaje, ficha por una *major* como Capitol Records, con la que publicará *Choke*, pasando después a formar parte del catálogo de Polygram y más tarde de New West Records. Tras intentar suicidarse en varias ocasiones, consigue su propósito el día de Navidad de 2009, tras asegurar públicamente que no quería morir, pero no podía volver al hospital ni pagar los 50.000 dólares que debía en facturas médicas.

El folk rock en el nuevo milenio

No es el folk rock un género que haya encajado bien la entrada del nuevo milenio. Más bien al contrario. Caracterizado a lo largo de toda esa historia que ya hemos visto por el eclecticismo y la mezcla de estilos, este es también uno de los elementos claves de la llamada nueva música. Todo se mezcla. A menudo, en exceso. Todo se defiende, muchas veces aduciendo a la libertad evidente del músico, pero olvidando a menudo análisis con prisma de calidad. El todo vale se ha hecho habitual. Y un género cuyo principal valor histórico estaba en la tradición debía resentirse de ello ¿Qué significa eso? Pues que si el género no ha desaparecido ha sido de milagro. De hecho, en la primera década del nuevo milenio podemos decir que lo hizo. La lucha contra las máquinas que anunciaban los rockeros Rage Against The Machine en los noventa, se había perdido. Autotunes, recordings a destiempo, y un montón de trucos se imponían. Aparecían además nuevos géneros que horrorizaban a todo aquel con un mínimo sentido del ridículo y un leve buen gusto. Tampoco había que ser un iluminado para darse cuenta que el borreguismo se imponía. Pero ahí surgen los más grandes. Siempre hay músicos dispuestos a no seguir al rebaño o, al menos, a no seguirlo del todo. A romper reglas o aprovechar esos nuevos tiempos para mantener la calidad. De ahí emergen músicos que evolucionan con inteligencia, aunque esta pueda no gustarnos siempre. Que la libertad también la tenemos nosotros. Y en estas llega la década de 2010.

La segunda añada del nuevo siglo nos trae, otra vez, el revisionismo. La reivindicación de lo tradicional. Quizá como respuesta a un escenario que artistas y prensa especializada ni entiende, ni quiere entender. Sí, aparecen toques de electrónica en discos catalogados de folk rock, pero aportan algo. Cosa que no siempre puede decirse. Eso sí, las posiciones se radicalizan. Frente a esa «libertad creativa» , la reivindicación más absoluta, encabezada por un Bob Dylan, otrora propulsor del cambio del folk hacia el folk rock, mirándose en músicos anteriores a los años cuarenta. Eso sí, sin que nadie resuelva esa confusión o trasvase entre el americana y el folk rock. Diluyendo definitivamente las barreras con artistas y discos que juegan con dos barajas, ganando siempre. Los folkies del nuevo milenio son diferentes. Mucho. En algunos no queda ni rastro de la protesta o el descontento social que apuntaban sus abuelos de profesión. Simplemente se mantiene ese respeto por lo antiguo, y esa apuesta de fondo por los sonidos acústicos. Estos son algunos de los nombres que han marcado el nuevo milenio. Pronto, quizá, con lo rápido que va todo serán otros. O no. Quién sabe.

Akron/Family |Experimentando con el folk
Williamsburg (Nueva York), 2002–2013

Sub Verses, lanzado el 30 de abril de 2013 fue el sexto y último álbum de Akron/Family, un trío de Nueva York de Folk experimental integrado por Dana Janssen, Seth Olinsky y Miles Seaton a los que de manera puntual se unieron, durante su carrera, gente como Phil Cook, Greg Davis o Mark Lawson, entre otros, a los que se ha de sumar Ryan Vanderhoof, primer vocalista original del combo. Desde entonces los rumores de reunión han

estado vigentes, acallados quizá de manera definitiva por la muerte en 2021, y con tan solo 41 años, de Seaton.

Tras decidir formar el grupo en una cafetería de Brooklyn, le enviaron unas demos a Michael Gira, director de la discográfica Young God Records, que los iba a contratar en 2004. Rápidamente, tras su debut homónimo al año siguiente, ganan una horda de fans que se vuelven locos con su experimentación sobre temas folk, que cambian en cada concierto y que el público juega a adivinar. En 2007, tras grabar *Love is Simple*, su cuarto álbum, Vanderhoof deja la banda para ingresar en un centro budista, y los miembros restantes lo solucionan montando una megabanda junto a Megafaun y Greg Davis. Justamente los miembros de Megafaun se convertirán en parte de Akron/Family, dando lugar a una súper banda del folk del nuevo milenio. Como hemos indicado, el grupo lo deja en 2013 y sus tres miembros originales supervivientes siguen su carrera de manera individual.

Badly Drawn Boy|Sam y su bola mágica
Dunstable (UK), 1995

Uno de los culpables de renacer del folk en la segunda mitad de los noventa, y sobre todo en la primera década del nuevo milenio es Badly Drawn Boy. Un nombre artístico que surge de la serie de dibujos animados *Sam And His Magic Ball,* y tras el que se encuentra el británico Damon Gough. Con Bruce Springsteen como referencia, empieza su carrera discográfica con el lanzamiento en 1997 de *EP1*, al que seguirán un año después *EP2* y *EP3*. Este último ya no sería lanzado de manera independiente, sino a través de XL Recordings, que se convertirá en su compañía de discos. En 2000 llega su primer larga duración, *The Hour Of Bewilderbeast* que lo lleva a ganar el prestigioso premio Mercury y del que se vende la nada despreciable cifra de 300.000 copias. Abrumado por el éxito, el músico se toma un descanso para volver en 2000 con la banda sonora de *About A Boy*, película basada en un libro de Nick Hornby. Badly toca la guitarra, el bajo, la batería, el banjo, el piano, el mellotron, la flauta, la armónica, el harpa y la celesta. En la actualidad, su carrera acumula seis álbumes en estudio, dos bandas sonoras, seis EPs y un disco recopilatorio. «Mi música es sincera y emotiva. Soy un tipo de persona de montaña rusa. Me impulsé a hacer música porque no quería una vida normal. Envidio a las personas que simplemente pueden disfrutar de una vida «normal» . Amo a la gente y amo la vida, pero lucho con eso, y la música me ha salvado de muchas maneras» (*The Guardian*).

Band of Horses|Caballos domados

Seattle (Washington), 2004

Probablemente cualquiera que no conozca a Band of Horses y se base en su nombre para predecir su música pensará en algo cercano al outlaw country o al country tradicional. Y, al menos un poquito, se equivocará. Porque la banda encabezada por Ben Bridwell, desde que en 2004 desmontara su anterior proyecto, Carissa's Weird, ha optado desde sus inicios por un folk rock, muy cercano al americano, de tintes ligeramente indies. Teloneando a Iron & Wine no tardaron en llamar la atención de Sub Pop, sello en otras épocas destinado únicamente al grunge, y eso les llevó a debutar en larga duración con el elepé *Everything All The Time* en 2005, para acabar apareciendo en el show de David Letterman tan solo un año después. A partir de ahí, sus álbumes fueron cayendo –el último de ellos es *Things Are Great* en 2022– con una sensación de éxito contenido. Las críticas siempre han sido al menos notables, y el público les ha seguido también de manera destacable, pero nunca han conseguido dar el salto más allá de las Arenas – recintos con capacidad entre 3.000 y 5.000 personas– dando la sensación de que algo que prometía mucho no acababa de despegar. En todo caso, conservan una cohorte de fans fieles, que llenan esos conciertos de medio aforo y compran sus discos de manera regular. Mientras, la crítica sigue considerándolos una de las bandas más destacadas del folk rock y americana del nuevo siglo. Veremos si algún día dan ese paso definitivo.

Bill Callahan|Minimalismo neblinoso
Silver Spring (Maryland), 1966

William Rahr Callahan es bastante bicho raro, por decirlo llanamente. Uno de esos artistas adscritos al primer lo-fi, siempre con un pie en lo tradicional y el otro en lo experimental. Receloso, en sus inicios, de la potencial influencia de un productor sobre su música, pasó varios años grabando con instrumentos y equipo tirando a obsoletos. Registros caseros en cuatro pistas, con afinación discutible, plasmados en *Sewn to the Sky* (1990), el primer disco que registró bajo el nombre de Smog, más un *alter*

ego que una banda como tal. Desde ese momento, y coincidiendo con su fichaje por el sello Drag City (al que se mantendrá fiel en adelante), Callahan irá incrementando tanto la instrumentación como la profesionalización de sus trabajos. Trece discos más, entre 1992 y 2005, en los que pule y afianza su propuesta, basada principalmente en estructuras repetitivas, sencillas progresiones de acordes que se repiten a lo largo de los temas, así como una voz de barítono que da el contrapunto lírico. Un estilo que por ahí han catalogado de country gótico y folk apocalíptico (sobre esto último, véase la ficha correspondiente a Current 93).

A partir del año 2007, con la edición de *Woke on a Whaleheart,* empieza a firmar sus álbumes con su verdadero nombre, sin que ello suponga cambios estilísticos remarcables. Tan prolífico como hasta entonces, su producción se verá aumentada con ocho nuevos discos de estudio y un primer directo, *Rough Travel for a Rare Thing* (2010) grabado tres años antes en un pequeño club de Melbourne. Un doble elepé que puede servir tanto de introducción a su ingente discografía, como de ejemplo del espartano concepto que esgrime sobre su propio arte: dos vinilos en un *packaging* mínimo, sin notas ni más información que los títulos y créditos impresos en las propias galletas. Un claro manifesto que reza, por defecto, que aquí lo que importa es la música. Una filosofía que ha impregnado su propuesta desde el minuto uno, y en la que sigue perseverando.

Blackmore's Night | Mamá, quiero ser renacentista
Inglaterra, 1997 – Actualidad

En la Historia del rock, el caso de Ritchie Blackmore puede que sea uno de los más insólitos. Guitarrista innovador e influyente como pocos, artífice de algunos de los riffs más reconocibles tanto en Deep Purple como en Rainbow, ocurre que cierto día del año 1989 conoce a una tal Candice Night, fan del otro lado del charco; se enamoran y de paso se dan cuenta de que ambos comparten una pasión no solo carnal, sino también musical. Por la música europea de los siglos XV y XVI, concretamente.

En consecuencia, ¿qué mejor que disfrazarse de Romeo y Julieta, montar un grupo y darle caña a la mandolina? Pasaría un tiempo el asunto, madurando, hasta que en 1997 editan su debut, titulado *Shadow of the Moon.* Un disco que los fans de Blackmore se tomaron como una aventura ma-

rital, una excentricidad acústico-
medieval que posiblemente quedaría como anécdota en su carrera.
Craso error. El huraño guitarrista y
la delicada cantante tenían un plan:
seguir con el proyecto hasta el fin
de los tiempos. O al menos, hasta
el presente.

Con una formación siempre cambiante, incorporando esporádicas
guitarras eléctricas a todo el arsenal de instrumentos renacentistas
y con ello, aumentando el componente folk rock, la discografía de
Blackmore's Night suma ya once
títulos. Once álbumes de agrada-
ble escucha (mención especial a
los tres primeros, así como a *Winter Carols*, un más que reivindicable disco de temática navideña),
elaborados con gusto e interpretados con maestría; especialmente en las
cuerdas, como no podía ser de otro modo, así como en la bonita voz de
Candice. Un catálogo de folk rock propio y versiones ajenas, revisitando
las músicas tradicionales del viejo continente, muy propio para amenizar
largas veladas otoñales en el salón del castillo.

Cass McCombs|Cóctel de sonidos
Concord, (California) 1977

Difícil ubicar a Cass McCombs, un tipo que tardó hasta doce años en editar su primera referencia discográfica, el EP *Not The Way*, y trece su primer
LP, titulado simplemente *A*. Nacido en Concord, California, da sus primeros
pasos en los noventa, en la bahía de San Francisco, aunque deberá trasladarse a la gran ciudad para conseguir su primer contrato discográfico.
Antes había viajado por todo el país, mostrando sus canciones acompa-

ñado solo por una guitarra. En 2005, con *PREfection*, vira un poco más hacia el pop, y eso le permite conseguir nuevos seguidores. Convertido en un buscador incansable de nuevos sonidos, siempre mantiene el folk rock como referencia, aunque en discos como *Wit's End* (2011) llegará a a acercarse incluso a la música de cámara. Con este álbum llegó al puesto número 15 de las listas de Billboard de americana/folk. Eso acabó llevando a que Domino Records acabara lanzando una antología de demos, rarezas y caras B titulada *A Folk Set Apart*, en 2015, que se convirtió, curiosamente, en uno de sus trabajos más reconocidos. Animado por el éxito, en 2016 abraza temas sociopolíticos en *Mangy Love*, como hacían los primeros cantautores folk, aunque él añade a su paleta sonora arreglos del reggae, la psicodelia o el funk. Ese mismo año forma junto al desaparecido Neal Casal, Dan Horne, Farmer Dave Scher y Aaron Sperske los Skiffle Players con los que, evidentemente se dedica a tocar skiffle, un estilo originado por los trabajadores negros de la década de los años veinte del siglo pasado.

Devendra Banhart|El folkie yanqui que vino de
Venezuela
Houston, 1981

Nacido en pleno Texas, Devendra Banhart se crió en Venezuela, donde permaneció entre 1983 y 1996. Eso fue, quizá, lo que le llevó a tener una visión tan heterogénea de la forma de hacer música. Todo empieza cuando se da cuenta, tras intentar empezar una carrera en San Francisco en 1997,

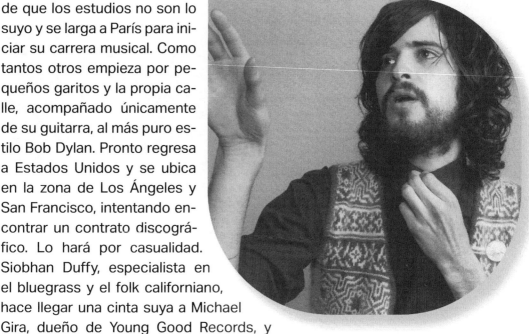

de que los estudios no son lo suyo y se larga a París para iniciar su carrera musical. Como tantos otros empieza por pequeños garitos y la propia calle, acompañado únicamente de su guitarra, al más puro estilo Bob Dylan. Pronto regresa a Estados Unidos y se ubica en la zona de Los Ángeles y San Francisco, intentando encontrar un contrato discográfico. Lo hará por casualidad. Siobhan Duffy, especialista en el bluegrass y el folk californiano, hace llegar una cinta suya a Michael Gira, dueño de Young Good Records, y este queda prendado de su música. Así que esta se convertirá en su discográfica inicial. Su música parte del folk rock, pero sus orígenes mestizos se hacen muy presentes en ella. Muy pronto es convertido en el abanderado de un nuevo estilo llamado freak folk o folk mestizo, al que también se asociará a otras figuras que asoman la cabeza en los ambientes folkie del nuevo milenio como Badly Drawn Boy o algunos discos de Beck, aunque la música de Devendra siempre mantiene un aire mucho más folclórico que la de estos. Discos como *Oh Me Oh My* (2002), *Rejoicing In The Hands* (2004) o *Niño Rojo* (2004) tienen unas excelentes críticas a las que se suma una buena respuesta comercial por parte del público. Y es que Devendra está considerado uno de los reyes del folk rock del nuevo siglo.

Edward Sharpe & The Magnetic Zeros
En busca del mesías
Los Ángeles, 2007

Alex Ebert es el líder de Edward Sharpe & The Magnetic Zeros, una banda que inicia su andadura en Los Ángeles en 2007, y debuta en 2009 con el disco *Up From Below*, según la revista *Persi Music*, «repleto de momentos

psicodélicos y folk, el Indie alternativo de Edward Sharpe & the Magnetic Zeros es verdaderamente singular evocando influencias como Grateful Dead y The Mamas & The Papas y hasta a los contemporáneos The Polyphonic Spree». El grupo había nacido después de que Ebert, vocalista del grupo de power pop Ima Robot empezara a estudiar la figura mesiánica de Edward Sharpe tras una ruptura sentimental y unirse a un programa de doce pasos para superar la adicción. Con muy buenos resultados de crítica y público, el disco les llevó a poder formar parte de la gira Big Easy Express, junto a Mumford & Sons y Old Crow Medicine Show, que acabaría dando como resultado un DVD. Tras eso llegaron los álbumes *Here* (2012), *Edward Sharpe & The Magnetic Zeros* (2013) y *PErsonA* (2016).

Fleet Foxes|El indie y el folk comieron perdices

Seattle (Washington), 2006 – Actualidad

Parece que fue ayer, pero han pasado casi quince años desde aquel 2008 en que Fleet Foxes irrumpiera en el panorama internacional con su primer EP, *Sun Giant* y su inmediato debut homónimo de largo. Formados en Seattle a instancias de dos amigos de instituto, Robin Pecknold (voz y guitarra) y Skuler Skjelset (guitarra, mandolina, voces), Fleet Foxes consiguieron, con aquellos dos lanzamientos, convertirse en punta de lanza de un subgénero, el indie folk, al que contribuyeron aportando pop de cámara y cierta psicodelia para configurar un sonido tan expansivo como barroco. Repitieron jugada con *Helplessness Blues* (2011), con nominación a los

Grammy incluida; justo antes de que su batería, Josh Tillman, abandonara el barco para seguir una exitosa carrera en solitario bajo el apelativo de Father John Misty. La banda se tomaría un largo descanso igualmente, mientras Pecknold se matriculaba en la Universidad de Columbia, para regresar en 2017 con *Crack–Up*, al que seguirán *Shore* (2020) y el directo *A Very Lonely Solstice* (2021).

Frank Turner|El micrófono y la catarsis
Manama, (Bahréin), 1981

Desde que en 2005 abandonara la banda Million Dead y su post hardcore de manual, Frank Turner tomó el folk por los cuernos, le metió punk por todos los orificios disponibles y empezó a conseguir una nueva base de fans con el único método realmente auténtico: carretera y tablas. Cientos de conciertos que empezaron en okupas y bares de tercera hasta conseguir llenar grandes recintos en Europa y América, además de crear su propio festival –Lost Evenings–, en Londres, Boston y Berlín. Su tendencia a vol-

carse emocionalmente a través
de sus letras, así como el con-
tacto más o menos directo con
sus fans y discos tan redondos
como *Sleep Is for the Week*
(2007), *England Keep My Bo-*
nes (2011) o *Positive Songs for*
Negative People (2015) junto a
su banda The Sleeping Souls,
también ayudaron al respecto.
Menos lo hizo su adicción a diversos estupefacientes durante bastante tiempo, aficiones
que parece haber dejado definitivamente atrás. Políticamente po-
sicionado como un «liberal clásico» ,
Turner mostró un particular compromiso

con su entorno durante los confinamientos por la pandemia de Covid19,
emitiendo un show semanal desde su propia casa, a través de sus canales
de Facebook y YouTube, recaudando fondos para aquellos locales inde-
pendientes que se vieron obligados a cerrar.

Great Lake Swimmers|Los amigos de Tony Dekker
Ontario (Canadá), 2003

Habitualmente comparados y metidos en el mismo saco de nombres
como Band of Horses, Wild Oldham, Nick Drake o Iron & Wine, Great Lake
Swimmers es básicamente el proyecto del cantautor de Ontario (Canadá),
Tony Dekker, que también ha hecho sus pinitos en solitario. Sus primeros dos discos los publicaron de manera independiente, antes de firmar
contrato con Netwerk en 2007. En la actualidad, su discografía consta de
nueve discos, siendo el último de ellos un álbum de versiones, *When Last*
We Shook Hands: Cover Songs, Vol. 1, editado en 2020, aunque probablemente el momento culminante de su trabajo discográfico sea *Lost Chan-*
nels, de 2009. «No estoy interesado en hacer música que esté destinada a

ser un gran éxito, y no me gustaría hacer música con ese resultado final en mente, ya sabes, con ese tipo de objetivo principal. Hay bandas que hacen eso y hay entidades para ayudarlos a hacerlo, pero no es así cómo ha evolucionado esta banda. Sin faltarle el respeto a ese tipo de música, no es lo que me interesa escribir. Me esfuerzo por escribir las mejores canciones que puedo y presentar ideas y hacerlo sin compromiso. Nuestra música tiene un sonido orientado a las raíces con cierto aire de bricolaje. Todos en la banda definitivamente respetan la música de raíces» (Tony Dekker, *The Revue*).

Iron & Wine|Cuando las barbas de tu vecino veas pelar...
Chapin, 1974

¿Por qué a este nombre grupal le ponemos fecha de nacimiento? Muy simple, porque Iron & Wine es Sam Bean y viceversa. Nacido en Carolina del Sur, los orígenes de la música de este barbudo se encuentran en Crosby, Stills & Nash, Bob Dylan y Donovan, entre muchos otros. Tras estudiar arte en Virginia, Michael Bridwell, hermano de Ben Bridwell de Band Of Horses consiguió que una maqueta suya llegara a Sub Pop, que lo fichó para grabar su primer dis-

co, *The Creek Drank The Candle* (2002). Su estilo, claramente folk e indie folk llama la atención del público, también por su destreza a la guitarra y el banjo. Aunque será gracias a una película y una versión que su carrera arrancará definitivamente. En 2004 graba su revisión de «Such Great Heights» tema de The Postal Service, que se incluye en la película *Algo En Común*, y todo se desata. Además, la fecha coincide con el lanzamiento de su segundo disco *Our Endless Numbered Days* en el que la crítica llega a compararlo con Neil Young. Uno de los grandes momentos de su carrera se produce cuando en 2005 graba junto a la banda fronteriza Calexico el EP *In The Reins*. Esa colaboración se repetirá en 2007 con la versión del «Dark Eyes» de Bob Dylan para la banda sonora de la película dedicada al de Duluth, *I'm Not There*. Actualmente su discografía cuenta con ocho referencias.

James Yorkston|Muchas teclas y todas bien
Fife (Escocia), 1971

Si hablamos de folk rock en el nuevo milenio, James Yorkston entra de lleno entre los nombres principales, pese a empezar su andadura como bajista en una banda de punk durante los noventa. Pero sería en 2001 cuando su deriva al folk se haría realidad, primero con John Peel dando cancha a uno de sus primeros temas, «Moving Up Country, Roaring the Gospel» y poco después apadrinado, en cierto modo, por dos leyendas. Con la primera, Bert Jansch, debutaría como acompañante en directo en el Café Royal de Edimburgo; de la segunda, John Martyn, conseguiría ser telonero de toda una gira. No se puede empezar con mejor pie, la verdad. Pero el talento de Yorkston pronto se desveló suficiente como para sostenerse por sí mismo. Discos como *Just Beyond the River* (2004), *When the Haar Rolls In* (2008) o el más reciente *The Wide, Wide River* (2021) grabado junto al colectivo musical sueco The Second Hand Orchestra, pueden contarse entre lo mejor del folk contemporáneo.

Escritor ocasional, la carrera de Yorkston además no solo se circuns-
cribe a su producción en solitario, sino que actúa también con The Athle-
tes dentro del Fence Collective (un grupo de músicos que incluye a King
Creosote, The Aliens, KT Tunstall, The Beta Band y The Pictish Trail), así
como tercera pata del trío Yorkston/Thorne/Khan junto al contrabajista
Jon Thorne y el intérprete de sarangi Suhail Yusuf Khan.

Jim White|Predicador sin sotana
California, 1957

Michael Davis Pratt (su nombre real) nació en California, pero apenas
cumplir los cinco años su familia se trasladó a Pensacola, Florida; convirtiéndose, con ello, en sureño de adopción. Y antes de dedicarse profe-
sionalmente a la música, pasó por una serie de empleos tan exóticos y
variopintos como los de modelo, boxeador, surfer, cómico, predicador y
hasta taxista en Nueva York. Auténtico experto en el folklore sureño, Jim
inició su oscuro catálogo de reflexiones al respecto en 1997 con *Wrong-
Eyed Jesus (The Mysterious Tale of How I Shouted)*, álbum que serviría de
inspiración para el posterior documental *Searching for the Wrong-Eyed*

Jesus (2003) comandado por él mismo. Basculando entre el folk y el americana, sus trabajos se presentan espaciados en el tiempo, pero siempre interesantes, salpicados de imaginería religiosa y de un particular sentido del humor; discos como *Chainsaw of Life* (2006), firmado como Hellwood en colaboración con Johnny Dowd y Willie B o su más reciente entrega, *Misfit's Jubilee* (2020) no pueden faltar en la colección del aficionado al folk menos trillado.

Joan Shelley|La mujer tranquila
Louisville (Kentucky), 1985

Joan Shelley hizo sus pinitos musicales en la Universidad de Georgia, un destino no precisamente arbitrario ya que fue a parar allí debido a la admiración que sentía por la fértil escena musical de Athens. Habitual de los cafés y las noches de micro abierto, allí sintió un primer interés por su música. Ello la animó a girar por el país y por Europa durante buena parte de su juventud, hasta sentirse con la suficiente confianza para grabar un primer disco, autoeditado. Sería con el segundo, *Ginko* (2012), cuando iniciaría su colaboración con el guitarrista Nathan Salsburg, relación que se ha mantenido en lo profesional –y lo sentimental, ambos son pareja y fueron padres recientemente– hasta el día de hoy. Con su preciosa voz y a razón de un disco cada año y poco, Shelley ha ido poniendo los pilares de una carrera más que notable, construida en base a un folk rock que entronca con las raíces más reconocibles del género.

Joanna Newson|Y el arpa se hizo popular
Nevada, 1982

Imaginar un disco donde el arpa es su principal instrumento copando las listas de éxitos y de mejores discos del año es raro. Y eso es lo que sucedió con el segundo trabajo de Joanna Newson, *Ys* (2006) que llegaba justo dos años después de su debut, *The Milk-Eyed Mender* (2004). Aunque hay bastante consenso en considerar que es en su cuarto trabajo, *Have One On Me* donde alcanza su cenit creativo y su folk de cámara alcanza su máxima expresión. Su música posee elementos de lo clásico, pero también de las baladas de los Apalaches y el folk de los sesenta y, aunque nunca ha aceptado formar parte de ningún movimiento, a menudo se ha hablado de ella como uno de los nombres más destacados del psych folk.

Jolie Holland|El capricho de Tom Waits
Houston, 1975

El mayor fan de la música de Jolie Holland es Tom Waits, que incluso la nominó como candidata para los premios Shortlist Music Prize. Nacida en Texas, aunque criada en San Francisco –de ahí la conexión Waits– inicia su carrera con dos discos en directo, curiosamente, *Jolie Holland And The Quiet Orkestra* (2002) y *Catalpa* (2003). Su primer trabajo en estudio es *Escondida* (2004), al que seguirán *Springtime Can Kill You* (2006), *The Living And The Dead* (2008), *Pint of Blood* (2011), *Wine Dark Sea* (2014) y

Wildflower Blues (2017). Para su carrera es vital la intervención de Waits, que la ficha para su sello ANTI y que siempre se ha mostrado enamorado de su mezcla de folk con blues, rock, jazz y americana.

José González|Suecia también existe

Gotemburgo, 1978

Líder de la banda sueca Junip, como su propio nombre apunta, Jose González es hijo de padres argentinos exiliados a Suecia después del golpe de estado en el país sudamericano. Amante de la música folk latinoamericana, y en especial de Silvio Rodríguez, González curiosamente arrancó su carrera musical con un grupo de hardcore influido por Black Flag y los Misfits. En 2003, uno de los cofundadores del sello Imperial records descubre sus canciones en solitario, herederas del indie folk, y lo ficha para publicar su debut, *Veneer,* en el que se incluye «Crosses» canción incluida en la serie estadouni-

dense The O.C. Desde entonces sus colaboraciones con la gran o la pequeña pantalla han sido constantes llegando a aparecer sus canciones en series como *House* o en videojuegos como *Red Dead Redemption*. No destaca por su producción musical, ya que solo ha publicado cuatro discos hasta hoy: su citado debut, *In Our Nature* (2007), *Vestiges & Claws* (2015) y *Local Valley* (2021). A pesar de ello está considerado uno de los nombres del indie folk más respetados de la actualidad.

Kevin Morby|Marcando el camino
Lubbock (Texas), 1988

El nombre de Kevin Morby es uno de los que marca el camino del nuevo folk rock junto a otros como los de Kurt Vile o Waxahatchee, su antigua pareja. De clara ascendencia lírica dylaniana, Morby juguetea con diversos instrumentos y hasta tontea con la electrónica para crear un universo propio. Sus primeros pasos los da como integrante de la banda de noise-folk Woods, para formar luego The Babies junto a Cassie Ramone. Allí conoce al productor Rob Barbato con el que graba en Los Ángeles ocho canciones que se convertirán en su disco de debut, *Harlem River* (2013). Un año después llega *Still Life*, al que seguirán *Singing Saw* (2016) –su primer disco en la discográfica Dead Oceans– *City Music* (2017), *Oh My God* (2019), *Sundowner* (2020) y *This Is Photograph* (2022). «Al poeta que hay en mí le gusta pensar... Nací en Lubbock, Texas, y luego mi familia se mudó a Detroit, Tulsa, Oklahoma City y finalmente a Kansas City. Me gusta pensar que me movía mucho cuando era niño, me acostumbré a viajar, pero en realidad, nunca salimos del Medio Oeste, así que estaba acostumbrado a estar en movimiento, pero también estaba contenido en esta parte del país, lo que me hizo soñar con ir a lugares más grandes y lejanos. Creo que las semillas de mi música se plantaron a una edad temprana» (*Dallas Observer*).

King Creosote|Innegociable independencia
Fife (Escocia), 1967

Kenny Anderson siempre ha ido por libre. Solo así se puede contemplar su trayectoria y, especialmente, su discografía, con más de cincuenta referencias y subiendo. Y solo así se puede entender también que, en vez de irse a la City a buscar fortuna, haya permanecido casi siempre recluido en su Escocia natal, en parajes que a duras penas conocen ni las focas.

Fogueado en bandas como Skuobhie Dubh Orchestra o Khartoum Heroes, creó su alias a mediados de los noventa, cofundó el sello Fence y se lió a editar CD-Rs como si no hubiera mañana, aunque posteriormente se decidiera también por el formato estándar a través de Domino. En cierta ocasión, el periodista Juan Manuel Freire calificó la música de King Creosote de «folk portuario y pop ensoñador» . Como la descripción nos parece de lo más acertada, no pensamos que le importe si la tomamos prestada. Y ya de paso, para facilitar la tarea al lector que pudiera sentirse abrumado ante el amplísimo catálogo de este hombre, les recomendamos –caso de estar interesados– empezar por discos como *Diamond Mine* (2011) a medias con Jon Hopkins, o el igualmente brillante *From Scotland with Love* (2014). Y de ahí, al infinito.

Kurt Vile|El hijo del ferroviario

Pennsylvania, 1980

Uno de los grandes genios del folk rock de la nueva era, es Kurt Vile. En eso parece coincidir toda la crítica. Su estilo, marcado por una electrificación de formatos folk le ha reportado una reputación que muy pocos conservan hoy en día, por lo que está considerado uno de los reyes de la música contemporánea underground. Empezó oyendo en casa el bluegrass que le gustaba a su padre, ferroviario de profesión, y pronto abandonó las clases en el colegio para dedicarse a sus dos grandes pasiones, la música y el skate. La primera la encauza a partir de un banjo que le había regalado su padre, por lo que los primeros sonidos que consigue son eminentemente acústicos. Su capacidad innata hizo que con catorce años ya andara escribiendo canciones. Mientras reside en Filadelfia conoce a Adam Granduciel, con el que formará su primer gran proyecto musical, The War On Drugs, publicando su primer disco en estudio, *Wagonwheel Blues en* 2008. Será el mismo año en que deje la banda para iniciar su carrera en solitario con *Constant Hitmaker*, en el que colabora el mismo Granduciel. Difícil de definir, en el disco hay blues, garage, power pop, psicodelia pero, sobre todo, folk rock. En 2009 saca dos discos, *God Is Saying This To You* y *Childish Prodigy*, y a partir de ahí su carrera será un no parar, ya sea firmando

en solitario o con su banda, The Violators. Con su cuarto trabajo, *Smoke Ring For My Halo*, logra entrar en las listas de éxitos de Estados Unidos, en el top 200, y llega a vender 14.000 copias en Reino Unido. Sus siguientes cinco discos siempre entrarán en listas de diversos países y consolidarán su estatus, entre el culto y el mainstream. En 2022 publica su último disco, a la hora de escribir estas líneas, *Watch My Moves*.

Langhorne Slim | Folk rock con espíritu abierto

Pennsylvania, 1980

Da igual verlo solo o al frente de War Eagles o Law, Langhorne Slim es siempre un espectáculo en directo. Su música tiene tantos matices que calificarlo de folk rock se le queda demasiado corto. Además es uno de esos artistas donde el límite con el rock americano o americana se diluye enormemente. Su nombre original es Sean Scolnick, y nació en la ciudad que luego le daría su nombre artístico, Langhorne, en Pensilvania. Se inició en el teatro, aunque luego decidió cambiar sus instintos artísticos por la música, mientras intentaba imitar a Pearl Jam o Nirvana. Estudió música en el Purchase College de la Universidad de Nueva York y empezó a recorrer clubes por la gran manzana y, de manera ocasional, por Filadelfia. En 1999, y con la filosofía DIY (*Do It Yourself – Hazlo tu mismo*) se autoedita su primer disco, *Slim Picken's*, y poco después consigue publicar su primer EP ya con una discográfica, aunque fuera independiente, *The Electric Love Letter*. Contratado como compositor por V2 Records, perdió su oportunidad cuando la compañía fue vendida. Le salva el fichaje por Kemado Records con los que en 2008 publica disco homónimo y que supone el verdadero relanzamiento de su carrera. Tras problemas con la bebida que habían parado un ascenso que le había llevado a tocar en el Newport Folk Festival o Lollapalooza, en 2015, ya rehabilitado graba *The Spirit Moves*, su séptimo disco y primero para Dualtone Records con los que mantiene actualmente contrato y con los que ha publicado el resto de su discografía. «Definitivamente me vuelvo supersticioso con la composición. Cada vez que estoy escribiendo una canción, inmediatamente siento que esta será probablemente la última que vendrá (…). A veces la gente me dice cómo les afectan las canciones. Sé que me ayuda cuanto más revelo y más honesto. La gente me ha dicho que es muy valiente cantar sobre algunas cosas. Lo aprecio, pero no me siento valiente al respecto. Tal vez es solo cómo bailo con mi propia creatividad (*Glide Magazine*).»

Laura Marling|Bajo la influencia de las más grandes
Hampshire, (Inglaterra) 1990

Tonta no es esta mujer. Cuando se le pregunta por sus grandes influencias no duda en citar a Joni Mitchell, Laura Nyro, Neil Young y Bob Dylan. Acierto seguro. Así no hay quien falle. Lo bueno es que podríamos decir que es cierto, y no se aleja mucho de la realidad. Cuando en 2011 le dieron el premio Brit como mejor artista femenina del año su carrera ya era toda una realidad merced a discos como *Alas, I Cannot Swim* (2008), *I Speak Because I Can* (2010) y *A Creature I Don't Know* (2011), álbum que le llevó a alzarse con la citada condecoración. En su música sí que no hay dudas. Hablamos claramente de folk y folk rock. Habitualmente sus canciones apenas se salen del formato voz, guitarra, contrabajo y piano, con leves apariciones de sutiles percusiones o batería. Esos son los parámetros y los cumple a rajatabla, por lo que es difícil llevarse una sorpresa con su música. Eso sí, cargada de calidad. No es una casualidad que artistas como Mumford & Sons o Noah And The Whale hayan colaborado con ella. Su último disco hasta la fecha es *Song Of Our Daughter* (2020), muy bien recibido, como siempre en su país. Y es que ella sí que ha sido profeta en su tierra.

Laura Veirs|Empollona y cantante

Colorado Springs, 1973

Con las gafas que siempre han caracterizado su aspecto físico, Laura Veirs da la típica imagen de empollona yanqui que no sale de su habitación de estudio para nada. Algo así debió hacer para graduarse en Geología y Chino Mandarín. Casi nada. Nacida en Colorado Springs, su residencia habitual se encuentra en Portland, por lo que también es conocida como «la folkie de Portland» . Después de trabajar como traductora –de chino, claro– y a una edad tan tardía como los veinte años, Veirs decide dedicarse a la música para seguir los pasos de K.D.Lang y Neko Case, aunque como tantas otras cantantes de folk empezaría cantando punk en la banda Rair Kx. Sería precisamente en una estancia en China cuando comenzaría a escribir letras y canciones con su guitarra acústica, y así, desnuda musicalmente, es como se presenta en su disco de debut en 1999. Allí, su estilo está sin hacer, pero este aparece mucho más consolidado en el segundo de sus trece discos, *The Triumphs And The Travails Of Orphan Mae*. Los elementos indies aparecen en su música y su propuesta se acerca más al folk rock. Sus mejores trabajos son, probablemente, *Years Of Meteors* (2005), *Saltbreakers* (2007) y *My Echo* (2020). En 2016 cumple el sueño de grabar con sus coetáneas y admiradas Case y Lang un álbum titulado *case/lang/veirs* que muestra que, a todos los niveles, está a la altura de esta. En 2022 publica el heterogéneo *Found Light*.

M. Ward|Liderando una generación

Ventura Country (California), 1973

Matthew Stephen Ward nació en California, pero a principios de los noventa se marchó a Portland (Oregón) donde realmente despegaría su carrera como músico. Iconoclasta y ecléctico, la música de M.Ward es, en esencia folk rock, y en presencia muchas cosas más. No hay más que ver sus respuestas a finales de 2021 cuando la revista Mondosonoro le preguntó por sus discos favoritos: *Lady In Satin* (Billie Holiday), *Ragin' Full On* (fIREHORSE), *Goo* (Sonic Youth), *Today* (Beach Boys), *Lovers Rock* (Sade) y *Mambo Sinuendo* (Ry Cooder & Manuel Galbán). Ni rastro de los habituales nombres tipo Dylan, Young, Baez, etc. Pero sí, hablamos de un artista que básicamente se dedica al folk rock y que estuvo implicado en el proyecto, también citado en este libro, Monsters of Folk. Su carrera también se desdobla cuando conoce a Zoey Deschanel con la que forma el dúo She & Him. Ward es un líder para su generación. Un faro que alumbró por primera vez su luz en 1999 con *Duets for Guitars#2*, aunque no son pocos los que consideran su disco de debut real *Ends Of Amnesia* (2001). En cualquier caso, desde entonces, su fingerpicking, su susurrante voz y su estilo, a medio camino entre lo clásico –él admira profundamente la historia musical de su país– y lo moderno, han definido el nuevo folk rock. Por algo el mítico Jools Holland, tras actuar con él en su programa no dudó en declarar que M.Ward era probablemente su músico favorito de la actualidad. Iba cargado de razones.

Mary Gauthier|Seda en la voz

Nueva Orleans, 1962

Sin estridencias. Así es la música de Mary Gauthier. Otra artista que camina dando saltos entre la frontera del folk y el americana. Su infancia no fue fácil, al menos al principio. Abandonada en un orfanato, fue adoptada con un año por una pareja italiana. Inadaptada en el colegio, a los quince años se escapa de casa, y se mete a probar con el alcohol y las drogas, cosa que no le llevará a nada bueno, más que a entrar sin parar en clínicas de rehabilitación. Pero ¿qué la salvará? No amiguitos y amiguitas, esta vez no será la música ¡sino la cocina! Porque se gradúa en cocina en la Cambridge School of Culinary Arts, y tras eso abre un restaurante de comida cajún. Pero la cabra tira al monte, y en 1990 es arrestada conduciendo borracha. Cruz y raya. Se hace abstemia y lo cambia todo por la música, aunque en el título de su primer disco se mantendrá una referencia a la cocina, *Dixie Kitchen*, aparecido en 1997 y grabado con el dinero obtenido por la venta de la mitad de su restaurante. Tras publicar en 1998 *Drag Queens In Limousines* –Gauthier está en un estado permanente de búsqueda de su identidad sexual– es contratada por el Festival de Folk de Newport y recibe el premio a mejor disco de folk en los Independent Music Awards. Ya en el nuevo siglo se traslada a Nashville y ficha por Lost Highway Records, consolidándose como una respetadísima cantante y compositora. Será su primer disco allí, *Mercy Now,* el que la dará a conocer en todo el país. Luego vendrían *Between Daylight And Dark* (2007), *The Foundling* (2010), *The Foundling Alone* (2011), *Trouble And Love* (2014), *Rifles & Rosary Beards* (2018) y *Dark Enough To See The Stars* (2022).

Midlake|Tejanos atípicos

Denton (Texas), 1999 - Actualidad

Ligeramente progresivos, modernetes pero sin resultar cargantes, Midlake surgieron de la amistad entre cinco estudiantes de jazz, en las aulas del University of North Texas College of Music. Pero pese a iniciar su andadura siguiendo los pasos de Herbie Hancock y Stevie Wonder, pronto se hicieron indies, y tras un primer disco tonteando con lo acústico y la electrónica, abrazaron el folk rock en su vertiente más europea. Tanto en los surcos de su segundo esfuerzo, *The Trials Of Van Occupanther* (2006) como muy especialmente en los del tercero *The Courage of Others* (2010) no cuesta encontrar destellos de nombres británicos clásicos, desde Magna Carta a Fairport Convention o Pentangle. Por aquel entonces colaboraron también en la obra maestra del hoy perdidísimo John Grant, *Queen of Denmark* (2010) hasta que, durante las sesiones para su cuarto álbum, Tim Smith, –cantante y compositor principal– dejaba el grupo para crear un nuevo proyecto llamado Harp. El resto de la banda seguiría adelante con los reemplazos de rigor, editando *Antiphon* en 2013 y *For the Sake of Bethel Woods* en 2021.

Monsters of Folk|El supergrupo del milenio

Varias Ciudades – Estados Unidos, 2004

En 2004 salta la banca. Cuatro de los más reputados artistas de la escena cercana al folk del momento se planteaban tocar juntos tras haber compartido escenario con sus diferentes proyectos en una gira titulada *An Evening with Bright Eyes, Jim James and M.Ward*. Eran, claro, Jim James, líder de My Morning Jacket, Conor Oberst y Mike Mogis de Bright Eyes, y M.Ward. Pronto empiezan a componer y a grabar, pero tienen claro que el grupo que bautizan como Monsters of Folk es solo un divertimento, y que la prioridad son sus otros proyectos. Por eso el debut discográfico de la banda, de título homónimo, se dilata hasta 2009. No fue una sorpresa, dada la calidad y el reconocimiento mediático de sus componentes que el álbum llegará a colocarse en el puesto número quince de las listas de Billboard. Andrew Leahey no dudó en comparar a la banda, en Allmusic, con los mismísimos Traveling Wilburys, el legendario grupo integrado por Bob Dylan, Tom Petty, George Harrison, Roy Orbison y Jeff Lynne. Conor Oberst explicaría para Q&A que «hicimos una sesión en Omaha y pasaron varios meses. Luego hicimos otra en California. Y, en medio, hubo correos electrónicos con las demos, ideas de canciones. Así que teníamos una dirección a la que dirigirnos» .

Mumford & Sons |Los reyes del neo folk comercial

Londres, 2007

¿Un grupo de folk tocando para grandes audiencias en el nuevo milenio? ¿Hinchándose a vender discos y entradas de sus conciertos? ¿Acumulando premios? Sí, son Mumford & Sons, y no son precisamente muy respetados por una parte de la crítica, que los califica de excesivamente *mainstream*. La banda está integrada por Marcus Mumford, Ben Lovett, Winston Marshall y Ted Dwane, y es una máquina de hits que dio nombre a lo que se calificó como la nueva escena de folk del este de Londres, en la que junto a ellos se cita habitualmente a Laura Marling, Noah & The Whale o Johnny Flynn. Influidos por el country, el bluegrass y, sobre todo el folk, todo sale de la mente de un Marcus Mumford nacido en California pero de padres ingleses. Tras girar en 2007 en solitario con Laura Marling decide montar un grupo y todo se desborda. No hay más que ver su actuación en 2008 en el Festival de Glastonbury cuando ni siquiera tenían un disco publicado aún y simplemente habían editado dos EPs. Su primer larga duración llega en 2009 con *Sigh No More*, y sus objetivos quedan claros desde la elección del productor, Markus Dravs, especialista en convertir en éxito a bandas como Coldplay o Arcade Fire, poco cercanas al sonido folk ¿Resultado? Número 2 en las listas de ventas de Estados Unidos y Reino Unido. Artistas como Ray Davies de The Kinks los toman bajo su halo y en 2012 acaban de dar el pelotazo con *Babel*, de nuevo producido por Dravs. Después en 2015 llegará *Wilder Mind* y en 2018, *Delta*. Sus conciertos se han convertido en auténticas fiestas folk multitudinarias en las que no dudan en versionar a The Beatles, Bruce Springsteen o The National.

Patty Griffin|La heroína de Maine

Maine, 1964

Maine es el estado de Charlie Parker, el detective creado por John Connolly. También de Stephen King y John Ford. Pero entre sus flamantes oriundos no podemos obviar a la gran Patty Griffin. Una artista descomunal, que en 2007 recibió el premio de la American Music Association como artista del año, para cuatro años después llevarse el Grammy a mejor disco de góspel tradicional por *Downtown Church*. Debutó en 1996, tras firmar con A&M Records con el disco *Living With Ghosts*, donde muestra que a pesar de picotear de varios estilos, lo suyo no puede sino calificarse de folk rock. Para su segundo disco, *Flaming Red* (1998), ya asentada en la industria, cuenta con las colaboraciones de Emmylou Harris o Kenny Aronoff, entre muchos otros. En 2000 graba con Daniel Lanois como productor *Silver Bell*, pero la fusión entre A&M y Universal dejó el disco en el limbo, hasta que fue publicado en 2013. Eso sí, en los siguientes años, su actividad es frenética y publica hasta cuatro discos entre 2002 y 2007. En 2015 crea su propio sello discográfico, PGM, distribuido por Thirty Tigers.

Ray Lamontagne|Heredero de los clásicos

Nashua, New Hampshire, 1973

Pocos auguraban para Ray Lamontagne un futuro en el mundo de la música cuando en su niñez y adolescencia andaba más preocupado por dibujar personajes de *Dungeons & Dragons* que de cualquier otra cosa. Naci-

do en Nashua, New Hampshire, pasó
buena parte de su infancia en Maine y
fue una especie de catarsis la que le
llevó a dedicarse a la música. Un día,
su radio reloj despertador le sacó del
sueño con una canción de Stephen
Stills, «Treetop Flyer» y su camino
se iluminó. Mientras trabajaba como
profesor empezó a hacer sus pinitos
con las canciones en 1999, y llegó a
telonear a John Gorka y Jonathan Ed-
wards, Desde Chrysalis se fijaron en él y
en 2004, con el prestigioso productor Ethan
Johns, graba el espléndido *Trouble*, disco en el que colaboran Sarah Wa-
tkins y Jennifer Stills, hija del mismísimo Stephen. Una maravilla de disco,
y sin duda uno de los clásicos del folk rock de nuestra época con el que
vende más de medio millón de copias, en una época en la que las ventas
de los discos no eran nada destacables. Su éxito se confirma con *Till The
Sun Turns Back* (2006) con el que llega al puesto número 28 de las listas
de Billboard, vendiendo casi 30.000 copias la semana de su lanzamiento.
Estaba cantado que su tercer disco *Gossip in The Grain* ya debutara en el
puesto 3 de las listas de Billboard con 60.000 copias vendidas en la primera semana. Ray era una realidad del folk rock. Quizá el mejor heredero de
la tradición de las bandas clásicas del género como Buffalo Springfield o
The Byrds. El artista grabará cinco discos más, hasta el momento y acu-
mulará nominaciones, premios y apariciones de sus canciones en series
y películas, mientras vive con su mujer y sus dos hijos en una granja de
Massachusetts construida en 1830.

Sufjan Stevens|Hay un chalado en Detroit
Detroit, 1975

«Heterodoxia. Solo mediante leyes fuera de la norma podemos encuadrar
a Sufjan Stevens, el cantante y multiinstrumentista que ha demostrado un
virtuosismo inusitado para la composición. Cada uno de sus temas posee

una armonía y un sonido tan característico, que aporta un aspecto sinfónico
nada habitual en el entorno indie. Desde que en 1999 saliera al escenario con
sus ritmos folk rock e indie, ha conseguido renovarse, incorporando elementos de música experimental y pop barroco, que le han aportado el toque de
distinción que, aún hoy en día, hacen de
él un autor en absoluto convencional.»
Así define Apple Music a Sufjan Stevens,
y es difícil hacerlo mejor. Guitarrista, bajista,
oboísta, pianista y saxofonista. Esas son sus ha-
bilidades instrumentales. Además es compositor y productor. Casi nada.
Nacido en Detroit, aunque criado en la cercana Petoskey ¡es autodidacta!
De hecho una de sus grandes aportaciones al folk rock del nuevo milenio es la aportación de instrumentos poco convencionales a sus discos.
Iniciado en la banda de folk Marzuki, publica su primer disco *A Sun Came*
(1999) gracias a que su padrastro tiene una discográfica, Asthmatic Kitty
Records, mientras todavía permanece en la banda de folk Danielson Fami-
le como instrumentista. En su segundo disco. *Enjoy You Rabbit* coquetea
con la electrónica, aunque siempre vuelve a estructuras folk. Con el tercer
disco inicia un ambicioso, y probablemente irónico proyecto, ¡dedicar un
disco a cada estado de los Estados Unidos! De momento lleva dos, *Michigan* (2003) e *Illinois* (2005), siendo este uno de sus trabajos más celebra-
dos, al igual que el muy folkie *Carrie & Lowell* (2015) dedicado a su madre.
De momento, su discografía abarca nueve trabajos. Su actitud de genio
loco, entre la excentricidad, la singularidad y la introspección es altamente
comentada en el sector.

The Avett Brothers|El caldero mágico
Mount Pleasant (Carolina del Norte), 2000 – Actualidad

El folk rock de The Avett Brothers es como un abigarrado –y delicioso–co-
cido en el que se entremezclan los sabores del bluegrass, el country, el
rock and roll, el punk, el honky tonk e incluso el ragtime, emanando todo

ello del caldero en unos mágicos efluvios de aromas inequívocamente indies. En acertada descripción del *San Francisco Chronicle*, la banda formada por los hermanos Scott y Seth Avett destila «la grave tristeza de Townes Van Zandt, la ligera precisión pop de Buddy Holly, el sentido melódico de los Beatles y la cruda energía de los Ramones» . Infalibles en directo, su discografía a lo largo de las dos últimas décadas abarca ya más de diez títulos, con álbumes tan inspirados como *Emotionalism* (2007), *I and Love and You* (2009), *The Carpenter* (2012), *Magpie and the Dandelion* (2013) o *True Sadness* (2017). Trabajos que en más de una ocasión les han valido nominaciones a los Americana Music Honors & Awards o incluso a los Grammy, en justo reconocimiento a una trayectoria que se puede calificar de imprescindible en cuanto a folk rock actual se refiere.

The Decemberists|La revuelta de Colin

Portland, 2000–Actualidad

Dice la famosa –y muchas veces no acertada– Wikipedia que The Decemberists son «una banda estadounidense de indie rock formada en 2000 en Portland, Oregón» . Dicha definición llevaría a no incluirlos en esta relación, pero si tiramos de la misma fuente su estilo también aparece definido como indie folk o folk rock. Los pillamos. Además, es que este grupo cuyo nombre parte de la Revuelta Decembrista de 1825 en Rusia tiene buena parte de su origen filosófico y de sonido en *Out of Time*, el archi conocido disco de R.E.M. publicado en 1991 y que camina entre el jangle

pop, el americana y el folk rock. No solo esa influencia está muy presente en su música, sino que la banda de Colin Meloy también bebe del folk rock británico y de nombres como Donovan o Fairport Convention. Formados en 2000, es una de esas bandas marcadas profundamente por la enorme personalidad y el casi total impacto de su líder. Debutan en LP en 2002 con *Castaways and Cutouts*, reeditado un año después con mucho mayor éxito. Acusados muchas veces de pretenciosos, por su fusión de diversos estilos, la crítica se rinde a ellos con *The Hazards of Love* (2009), y especialmente *The King Is Dead* (2011), un álbum cargado de singles que no tiene desperdicio. Meloy ha mantenido una carrera en solitario paralela en la que, desde su vertiente más folkie, ha versionado a algunos de sus artistas favoritos, dedicando EPs completos a Sam Cooke, Shirley Collins, Morrissey o The Kinks.

The Felice Brothers|Fraternal contubernio
Palenville (Nueva York), 2006 – Actualidad

Ian, James y Simone Felice crecieron en las estribaciones de las montañas al norte de Nueva York, las llamadas Catskills. Un entorno habitual para hippies y fumetas, no muy lejos además de la archiconocida Big Pink, en Woodstock. No es de extrañar pues que cuando empezaron a actuar en el metro de Nueva York, buscando su oportunidad, se llevaran con ellos buena parte de su esencia rural, así como a Dylan y The Band en la mochila.

Revivalistas del folk en el nuevo milenio, se darían a conocer en 2006 con el soberbio *Tonight at the Arizona*, segundo trabajo tras un debut autoeditado. Le seguiría *Adventures of The Felice Brothers Vol. 1*, grabado en un dos pistas en una cooperativa avícola (pese a llevar tiempo viviendo en Brooklyn, muy urbanitas no se habían vuelto) y su firma por Team Love Records, con la que editarían *The Felice Brothers* (2008) y *Yonder Is the Clock* (2009). La partida de Simone en 2010 para seguir carrera en solitario no frenó al resto, que seguirán editando discos con regularidad, siempre con unos mínimos cualitativos, pero todavía pendientes de recuperar la plena inspiración que define su primer lustro como banda.

The Lumineers|Más allá de una sola canción
Denver (Colorado), 2005 – Actualidad

En 2005 nacen en Nueva York, aunque con otros nombres, The Lumineers, banda formada por Wesley Schultz y Jeremiah Fraites. Eso sí, tardarían

siete años en publicar su primer disco, aunque lo hicieron a lo grande. Tras ese primer disco homónimo, el grupo acumula dieciocho canciones en las listas de éxitos llevándose la palma con «Ho Hey», que los llevó, siendo su primer single, al número 2 de las listas de Billboard. Eso nos podría llevar erróneamente a pensar que estamos ante una banda de un solo éxito, pero su siguiente disco, *Cleopatra* (2016) se plantó en el número uno de las listas de álbumes en Estados Unidos, Canadá y Reino Unido. Casi nada. En el trabajo se incluía el single «Ophelia» del que los nuevos tiempos nos pueden llevar a decir que lleva más de seiscientos millones de reproducciones en Spotify, mostrando la innegable capacidad del dúo –siempre acompañado de miembros variables– para perpetrar hits folk rock. Varias nominaciones a los Grammy o los Billboard Music Awards y constantes apariciones en películas y series prueban que nos hallamos ante uno de los fenómenos del género en la actualidad.

The Tallest Man On Earth | El folk que vino del norte
Leksand (Suecia), 1983

No se puede hablar de folk y folk rock europeo sin citar el proyecto tras el que se esconde la figura del sueco Kristian Matsson. Iniciado en el indie rock como cantante de Montezumas, es el enésimo «nuevo Dylan» , en este caso nórdico. De hecho, su ex mujer Amanda Bergman, también música, utilizaba el apodo Idiot Wind, como homenaje a una canción del tío Bob. Su primer Ep y que da nombre al proyecto se publica en 2006, mientras que en 2008 llega el primero de sus, hasta ahora, cinco LPs, *Shallow Grave*. Es uno de los pocos europeos que pueden presumir de haber tocado en el escenario principal del Festival de Folk de Newport. «Simplemente haces cosas, te diviertes y eres nerd en diferentes géneros. Hay mucha música folk, pero luego comienzas a tocar la guitarra eléctrica. Estuve en bandas de punk y de glam, me encantaba David Bowie, y eso se transformó en querer ser Iggy Pop, así

que dejé de tocar la guitarra y comencé a escalar, por ahí sin camisa, en lugares raros del campo. Empecé a escuchar un montón de blues antiguo y extraño, a Skip James, sonidos raros, sonidos surrealistas, y comencé a afinar mi guitarra de manera diferente. Y de repente me di cuenta de que podía hacer cualquier cosa con esta guitarra acústica. Y se adaptaba a mi personalidad para hacer cualquier cosa. El lado salvaje de eso no estaba tan lejos del punk» (*The Guardian*).

Trembling Bells|Madrigales amplificados
Glasgow, 2008 – 2018

El artífice principal de Trembling Bells fue Alex Neilson, un músico escocés de dilatada trayectoria a sus espaldas. Reuniendo a diversos miembros de esos proyectos musicales anteriores, e influenciados tanto por la psicodelia como por el revival folk de finales de los sesenta, los de Glasgow pasarían diez años ofreciendo algunas de las más exquisitas muestras de folk rock de este nuevo siglo. Discos como *Abandoned Love* (2010), *The Constant Pageant* (2011) o *The Sovereign Self* (2015) y muy especialmente *The Marble Downs* (2012) junto a Bonnie Prince Billy son auténticas joyas. Por sus surcos la banda se pasea bosque arriba y bosque abajo, visitando cortes renacentistas y salones barrocos, ferias medievales y pueblos en día de mercado. Pero, eso sí, tiñéndolo todo de ese enfoque contemporáneo y sentido de la electricidad tan caros a sus mentores. Como si un grupo de itinerantes trovadores, allá por el mil quinientos y pico, hubiera descubierto dónde y cómo enchufar sus laúdes.

Al respecto, el conocido locutor y periodista inglés Stuart Maconie manifestó en cierta ocasión que la música de Trembling Bells aunaba «el encanto de la música folk y el poder del rock». No habría más preguntas, señoría, como se suele decir.

Lo único malo que se puede apuntar acerca de ellos es que ya no existen. Su último álbum, *Dungeness*, se lanzó en marzo de 2018. En septiembre de ese mismo año, su cantante Lavinia Blackwall anunciaba que dejaba la banda. Disolución amigable seguida de una serie de conciertos y la consiguiente y consabida diáspora, con cada miembro centrándose en otras bandas y/o proyectos individuales.

Two Gallants|Dos mejor que uno
San Francisco, 2002

El folk rock más alternativo tiene en un pedestal a Two Gallants. Y es algo totalmente justificado viendo la carrera de este dúo de San Francisco integrado por Adam Stephens (guitarra, armónica, teclados y voz) y Tyson Vogel (batería, guitarra y voz). Sus directos son espectaculares y su puesta en escena magnífica. En sus inicios se ganaron el calificativo de folk rock neurótico, dado lo heterogéneo e histriónico de su propuesta. Debutan en 2004, en una discográfica de garantías como Alive Records, con *The Throes*, al que sigue dos años después *What The Toll Tells*, editado de manera independiente por Saddle Creek Records, que también apostará por ellos en su disco homónimo de 2007. Tras un hiato que los tuvo separados entre 2008 y 2012, regresan con *The Bloom And The Blight* (2012) y luego *We Are Undone* (2015). Todos discos de mucho nivel que les han hecho ganar una importante legión de seguidores. En la actualidad parecen encontrarse en otro período de barbecho, aunque no han realizado ningún comunicado al respecto.

Waxahatchee|La princesa del folk rock contemporáneo
Birmingham, 1989

Probablemente es la gran realidad del folk rock y el indie folk actual. Su verdadero nombre es Katie Crutchfield, y una de sus primeras experiencias en el mundo de la música fue como miembro de la banda de pop punk P.S. Eliot. Su estilo va del folk más introspectivo cuando actúa en solitario al indie folk más ruidoso cuando se hace acompañar de su banda. Lleva publicados cinco discos, *American Weekend* (2012), *Cerulean Salt* (2013), *Ivy Tripp* (2015), *Out In The Storm* (2017), este producido por el prestigioso Ron Agnello, y *Saint Cloud* (2020), con Brad Cook en la banda y produciendo. A eso se ha de sumar que en 2022, Waxahatchee compuso la banda sonora de la serie animada de televisión *El Deafo*, para Apple TV.

La cultura del folk rock
Claves, influencias e imbricaciones

A lo largo de este libro hemos ido dando diversas pistas sobre folk rock en cuanto a sus precursores, su génesis y su eclosión, así como el desarrollo y mutación del mismo desde un sentido básicamente cronológico y/o geográfico.

En este apartado hemos querido profundizar sobre diversos aspectos clave del género, incidiendo en algunos de los ya apuntados y desarrollando otros que nos permitan tener una visión más completa del mismo. Para ello, imaginemos que un lego en la materia nos sentara con ánimo interrogatorio y nos disparara una serie de preguntas.

La primera, posiblemente, sería ¿a qué suena el folk rock? A una mezcla de folk y de rock, helo aquí. Respuesta vaga, perezosa y escasamente satisfactoria, por otra parte. Veamos pues…asumiendo que nuestro interrogador tiene mínimos conocimientos de teoría musical, digamos que el folk rock -básicamente- combina las armonías diatónicas puras de la música country y folk tradicional con la energía, los ritmos y la instrumentación del rock'n'roll. Lo cual nos llevaría directamente a la siguiente cuestión: ¿de qué instrumentación estamos hablando? Tomando la Rickenbacker de doce cuerdas de Roger McGuinn como monolito fundacional, una banda típica de folk rock suele presentar guitarra eléctrica y acústica, bajo eléctrico y batería (es decir, las armas básicas del rock) a las que en muchas ocasiones se les añaden instrumentos tradicionales como la mandolina, el banjo, el violín, la flauta o el piano. Sin desdeñar, en casos más concretos, artefactos salidos de la Edad Media o el Renacimiento, así como también otros originarios de latitudes más exóticas.

Siguiente pregunta, ¿cuál fue la primera canción de folk rock? Como ocurre en otros géneros y estilos, determinar la canción primigenia, el kilómetro cero, suele ser un ejercicio tan estimulante como inconcreto, que suele solucionarse -finalmente- con un acuerdo de mínimos basado no tanto en su carácter pionero, como en el hecho de ser el primero en convertirse en un éxito. En el caso que nos ocupa, podríamos apuntar al «Mr. Tambourine Man» de Bob Dylan. Pero no al original, aparecido en 1965 en su quinto álbum de estudio, *Bringing It All Back Home*, sino a la versión que en la primavera de ese mismo año hicieron los Byrds y que llegó al número uno tanto en el Billboard Hot 100 como en la lista de singles del Reino Unido. Ahí, en ese momento, fue cuando el folk rock nació para el gran público.

Seguimos… ¿y las letras qué? Bueno, aquí la cosa está clara. Así como hasta entonces -y con todas las excepciones que se quiera- el rock no había prestado especial atención al componente lírico de sus canciones, con el folk rock la cosa cambiaría. Si en el rock de los cincuenta y buena parte de los sesenta la cosa iba de chatis, coches y rebeldía empapada en brillantina, así como de miles de metáforas sexuales heredadas directamente del blues, ahora el mensaje sí importaba. Ya fuera político, social, histórico o simplemente poético, lo que se decía sí era importante. Lo de «la churri ma dejao estoy hecho polvo», «nacido pa ser libre con mi moto por el desierto» y demás lugares comunes del cuero y el tupé quedaban fuera del reglamento. Orillando lo sicalíptico, el folk rock recuperaba la tradición original de la canción como vehículo para contar una historia, para relatar unos hechos o para denunciar injusticias; pero no solo eso, sino que había que contarla bien. Con un lenguaje rico y apropiado, usando figuras literarias y rimas que mostraran que habías ido a escuela.

Todo claro hasta aquí, ¿qué más? ¿el aspecto estético dice? Bueno, es obvio que la mayor parte de géneros en la música popular han ido acompañados de una imagen concreta, reconocible a simple vista. Desde los rockers de los 50, pasando por los hippies, los punks, las locas del glam, los hijos del metal, los góticos o los niños pera del indie por citar solo algunos, todos se ponían y se ponen guapos ante el espejo antes de salir a encontrarse con el resto de congéneres de la manada. El folk rock, no obstante, no tuvo una estética definida como tal, al menos durante sus años más populares. Sí que hay casos puntuales, especialmente en cuanto a los británicos, en que algunas bandas se movían entre el look de druida/brujo/fantoche y el de juglar/cortesano/trovador; pero aparte de esta escasa y concreta facción carnavalesca, la mayoría de artistas y bandas del folk rock navegaron entre los flequillos y las chaquetas ajustadas del 60's pop y los atuendos jipis de manual. Mucha barba y mucha greña y mucha túnica y abalorios. Rozando el bajo cero en la escala del glamour, así en general. La cosa no variaría ni mejoraría demasiado hasta el nuevo milenio cuando una serie de nuevas bandas, la mayoría yankis flotando en esa nebulosa llamada indie folk, asumirían una suerte de imagen colectiva un tanto particular: con sus camisas blancas y tirantes, sus trajes y levitas negras y su extenso catálogo de sombreritos, esta nueva hornada podría pasar por una familia de amish o de judíos ortodoxos en pleno ocio dominical, de picnic junto al río tras la misa preceptiva. Pero aparte de ellos, la mayoría de artistas folk de nuestros días pasan muy desapercibidos si a la estética nos ceñimos. Un poco como decían nuestros abuelos, cuando se enteraban de que el vecino era gay: «pues oye, no se le nota nada» .

Vamos a ir terminando, ¿una última pregunta? Venga, los subgéneros. Nos lo temíamos… En este libro ya se ha hablado de ellos, o al menos de los principales. El folk rock es amplísimo y sus distintas manifestaciones han sido tratadas en los apartados correspondientes. ¿Todas? Obviamente, no. De forma voluntaria hemos soslayado la influencia que el folk tuvo en todas aquellas bandas británicas de hard rock de finales de los sesenta y primera mitad de los setenta. Aunque sería el blues y la psicodelia el ingrediente principal de casi todas ellas, no resulta nada difícil hallar la impronta folkie en diversos trabajos de Led Zeppelin, Deep Purple, Uriah Heep y demás. Tampoco cuesta hallarla en bandas de raíces propulsadas por energía punk, de Buffalo Tom a The Replacements o Dinosaur Jr., sin olvidarnos de cierta convivencia con el jazz en discos como el icónico *Astral Weeks* de Van Morrison o el *Happy Sad* de Tim Buckley.

¿Y el folk metal? ¿Existe eso? Desde luego que sí. La fusión del metal con la música tradicional de cada país ha dado pie a todo un subgénero dividido, a su vez, en grupúsculos atendiendo a la vertiente original. Hay bandas que mezclan el folk con el heavy tradicional, otras con el power, otras con el black… y aunque encontramos ejemplos dispersos por el globo, son tres los países que aglutinan la mayor parte de estos grupos: Alemania, Rusia y Finlandia. Con las leyendas locales y la mitología ancestral como referente lírico, lo cierto es que el folk metal en general resulta un estilo chocante, rayano en lo kitsch. Todo un arsenal de fantasía histórica de aerosol, música para adolescentes desubicados que, escuchada más allá de la veintena, da como un poco de cosa. Todo depende, en realidad, de dónde coloque cada uno su umbral de tolerancia a la épica.

Iremos terminando pues no sin antes remitirles, como adenda a este capítulo, al apartado de principales festivales del folk rock. Un complemento a la cultura general del género que hemos querido desarrollar más ampliamente en espacio aparte.

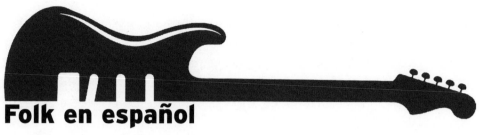

Folk en español
Orígenes y evolución

Al igual que ocurrió en Estados Unidos y Gran Bretaña, la música folk en castellano viviría en los años sesenta una eclosión sin precedentes. En el caso de Sudamérica, con un epicentro en la ciudad argentina de Mendoza en 1963, a través del cual nacería el llamado Movimiento del Nuevo Cancionero que daría pie a la Nueva Canción tanto en América Latina como en España.

De hecho, en nuestro país se dio a partir de finales de esa década una época dorada del folk que se bifurcaba en, por una parte, la canción de autor (tomando como referentes tanto a yankis como argentinos) y por otra en la recuperación y adaptación de la música folclórica tradicional a los nuevos tiempos. De ambas vertientes nacería lo que podríamos calificar de música folk contemporánea en castellano. ¿Dónde entra el rock en esta ecuación? Para ser sinceros, entra poco y mal, al menos en los primeros tiempos. No diremos que su impronta fuera inexistente, pero hasta los primeros compases de los años setenta, hablar de folk rock en España es hablar de una entelequia.

Así que antes de llegar a ello, debemos hacer zoom sobre el nordeste de la península. Concretamente, sobre ese territorio llamado Cataluña. Allí, a finales de los años cincuenta y por tanto anticipándose a fenómenos similares como Ez Dok Amairu en el País Vasco o el Manifiesto Canción del Sur, en Andalucía, surgiría la llamada Nova Cançó; un movimiento artístico y musical que, en pleno franquismo, reivindicó el uso normal del catalán en el mundo de la canción, a la vez que denunciaba los mil y un desmanes del sátrapa y sus secuaces. Poco después, en 1961 y para impulsar el movimiento, nacerían Els Setze Jutges, un colectivo de cantantes que llegó a contar con nombres tan relevantes como los de Quico Pi de la Serra, Guillermina Motta, Joan Manuel Serrat, Maria del Mar Bonet, Raimon o Lluís Llach. De todos modos, el folk solo formaría parte tangencial en este movimiento; no lo desdeñaban, pero su repertorio se reflejaba más en el folclore mediterráneo y sobre todo la *chanson* francesa de Brassens, Brel, Ferré o Béart. Sería a partir de 1967 cuando, como alternativa más o menos festiva a la –en ocasiones, mortal– seriedad de Els Setze Jutges, nacería el Grup de Folk. Comuna sin formación fija, la banda se dedicó durante un par de años a recuperar el cancionero tradicional catalán tanto como a traducir al mismo diversas canciones extranjeras, con especial atención a las folk songs norteamericanas.

Llegados a este punto, aparece una figura clave en el devenir del folk en nuestro país: Joaquín Díaz. Compositor, arreglista y musicólogo, la importancia de la labor compiladora de Díaz, registrando canciones por los pueblos castellanos magnetofón en ristre, podría compararse sin problemas con la de Alan Lomax en lo estadounidense. Más allá de ello, Díaz es reconocido como responsable de dar el pistoletazo de salida al folk moderno hispano con el lanzamiento de su álbum *Recital*, en 1968. Buena parte del equipo que trabajó en ese disco seminal, con el productor y cazatalentos Carlos Guitart a la cabeza, sería responsable de la nueva hornada de bandas folk en nuestro país. Una avanzadilla de la que surgirían nombres como los de Nuestro Pequeño Mundo, Voces Amigas, Almas Humildes, Nuevo Mester de Juglaría o los primeros Mocedades entre otras muchas. Entrada ya la nueva década, muchos de esos nombres folk ya incorporarían una sensibilidad pop y rock que los asemejaría, ni que fuera de lejos, con sus primos anglosajones. Una evolución que mermaría en las décadas siguientes hasta ver un renacer, con el nuevo siglo, tan mestizo como heterogéneo.

Al otro lado del charco y como hemos visto al principio, una serie de cantautores argentinos integrados en el Nuevo Cancionero (entre ellos Mercedes Sosa, Manuel Oscar Matus, Eduardo Aragón o Tito Francia) ejercería de catalizador para toda una nueva hornada de música folk en América Latina, dando proyección internacional a la española afincada en Venezuela Soledad Bravo, el chileno Víctor Jara, el cubano Silvio Rodríguez o el uruguayo Alfredo Zitarrosa por citar solo unos pocos. Veamos a continuación una sucinta selección de unos y otros nombres, para ayudar a completar una visión general del asunto, asumiendo como siempre las obligadas y dolorosas ausencias por las que no nos cansamos de disculparnos.

Aguaviva
(España)

Surgidos del hervidero tanto cultural como sociopolítico que era la Complutense de finales de los sesenta, Aguaviva fue tal vez el grupo más comprometido de su época. Como tantos otros, el grupo mantuvo una formación nutrida y eternamente cambiante, con Manolo Díaz (cantautor asturiano que ya había militado en Mágicos, Polaris y Los Sonor) y José Antonio Muñoz como nombres más destacables. Sería este último, en tareas de rapsoda, quien dotaría a Aguaviva de su sello distintivo. Musicando poemas (en ocasiones con fondos basados en temas de Lou Reed o los Stones) de sujetos desafectos al Régimen (León Felipe, Lorca, Alberti, etc.), debutan en 1969 con el single «Poetas Andaluces», al que seguirá el elepé *Cada Vez más Cerca* (1970). Censurados en casa, abanderados de la protesta universitaria, son invitados a diversos certámenes en Europa al tiempo que siguen ofreciendo trabajos como *Poetas Andaluces de Ahora* (1975), su particular visión de la transición en *No Hay Derecho* (1977) o su canto del cisne, el brillante *La Invasión de los Bárbaros* (1979).

Almas Humildes
(España)

El joven trío formado por Antonio Resines (no el que piensan, evidentemente), Juan Francisco Seco y Alex Kirschner nació con el ánimo de resultar una alternativa seria, social y comprometida a la banalidad del pop de la época. Y lo hicieron mediante la unión del folk con el rock, a través

de referentes anglosajones (Resines era muy fan del folk irlandés) y franceses. Compaginando banda y estudios universitarios, editaron tres singles a lo largo de 1968 hasta finalmente completar un álbum ese mismo año –*Ideas*– imprescindible para entender el género en esos momentos en España. Una propuesta no especialmente fácil, la suya, que no obstante –y especialmente de la mano del tema «Cuervos», pequeña obra maestra– obtuvo cierta repercusión. Con la marcha de Kirschner el grupo pasaría a cuarteto y luego quinteto, editando algunos singles más, en alguno incluso jugando con la psicodelia, antes de tocar retirada a finales de 1972.

Atahualpa Yupanqui

(Argentina)

El que viene a narrar desde tierras lejanas. Eso significa en quechua Atahualpa Yupanqui, apodo escogido por Héctor Roberto Chavero, sin duda el músico argentino más importante de la historia del folk. Aunque oficialmente registró como propias unas trescientas canciones, grabó más de mil doscientas, algunas tan conocidas como «Los Ejes de mi Carreta», «El Arriero», «Duerme Negrito», «Tú que puedes, Vuélvete», «Gui-

tarra, Dímelo Tú» o «El Payador Perseguido». Su compromiso político le valió el exilio, años de censura e incluso el encarcelamiento durante el gobierno de Perón. Su estancia en Francia a finales de los años cuarenta, con la propia Edith Piaf invitándole a actuar en París y su regreso a Argentina –ya desvinculado del Partido Comunista– fueron la antesala de su reconocimiento generalizado durante los años sesenta, cuando artistas como Mercedes Sosa, Alberto Cortez y Jorge Cafrune grabaron sus composiciones y lo popularizaron entre los músicos más jóvenes.

Grup de Folk

(España)

El Grup de Folk fue una agrupación de cantantes, grupos y animadores musicales que entre 1967 y 1968 se organizaron como disyuntiva popular y festiva a los Setze Jutges, dentro del movimiento de la Nova Cançó en la ciudad de Barcelona. Algunos de sus miembros más activos fueron Jaume Arnella, Xesco Boix, Pau Riba, Jordi Batiste, Oriol Tramvia o Jaume Sisa, aunque su composición variaba en función de las actuaciones. A pesar de su corta existencia, el combo fue importante por la posterior proyec-

ción de algunos de sus componentes; unos tomando la canción tradicional catalana para desarrollar un universo propio (Arnella), otros dejándose
influenciar por el mundo del folk y el rock anglosajón y derivando en experiencias más vanguardistas (Sisa, Pau Riba o la & Batiste). A partir de
las grabaciones de algunas de sus actuaciones, entre las que destaca el
multitudinario Festival Folk del Parc de la Ciutadella de Barcelona en mayo
de 1968, editaron dos discos de larga duración: *Festival Folk* (1967) y *Folk
2* (1968).

Juan Pardo
(España)

Aunque siga siendo un episodio poco conocido, Juan Ignacio Pardo Suárez –uno de nuestros cantantes melódicos más veteranos– escribió algunas de las páginas más meritorias del primer folk español, ni que fuera
(aquí hemos hecho un poco de trampa) viajando al Reino Unido y cantando
en inglés. Militante durante los sesenta en Los Pekenikes, Los Brincos y
el dúo Juan y Junior, nuestro hombre trató de asaltar el mercado anglosajón con una terna de trabajos que se integraran de forma natural en la
escena folk rock de las Islas. Grabando con reputados músicos de sesión
británicos, lo intentaría primero con *Natu-
ral* (1972) y posteriormente con *My Gui-
tar* (1973). Dos muy notables muestras
de su buen hacer compositivo que,
sin embargo, se diluyeron entre el
marasmo de novedades en aquellos saturados tiempos. Lo intentaría infructuosamente una tercera
vez, en esta ocasión abrazando
un sonido más americano, con
*Conversaciones Conmigo Mis-
mo* (1974), antes de regresar
a casa y cambiar completa-
mente de registro.

Nuestro Pequeño Mundo

(España)

Tomando el folk norteamericano como espejo, ocho universitarios formaban en 1967 uno de los grupos más importantes del momento. De su debut *El folklore de Nuestro Pequeño Mundo* (1968) se extrajo el single «Sinner Man», un clásico espiritual revisitado por Nina and Frederick en 1961, que llegaría al número dos de las listas empujando las ventas del elepé, al que darán continuación al año siguiente con *Buenas noticias de Nuestro Pequeño Mundo*, incidiendo más si cabe en el folk anglosajón. Pero hacia 1971 el grupo está casi disuelto. Renacerán con múltiples cambios gracias a *Al Amanecer* (1973), en el que incluyen el clásico villancico «Los Campanilleros». El éxito del tema les relanza, y graban *Cantar de la Tierra Mía* (1975), un elepé dedicado a los cantautores españoles. Sigue una larga etapa de desacuerdos con su sello, Movieplay, hasta que finalizan su contrato y, con la formación totalmente renovada, graban un disco de puro folk rock como es *Te Añoro* (1979), al que seguirá *Buscando a Moby Dick* (1982), ya inmersos en la world music, hasta separarse definitivamente al año siguiente.

Paco Ibañez
(España)

Ejemplo paradigmático de la canción protesta, resulta imposible desligar la figura –vital y artística– de Paco Ibañez, de su posicionamiento y compromiso políticos. Su trayectoria se inicia en los años cincuenta en París, donde su familia se ha exiliado huyendo de la represión franquista. Allí descubrirá primero la música de Brassens, Piaf, Brel y Yupanqui, para poco más tarde conocer a Léo Ferré y el auge del existencialismo francés. Todo ello se convirtió en referencia fundamental en su formación, aunque no será hasta 1964 cuando debutará con *Paco Ibañez 1*, incluyendo poemas de Góngora y García Lorca. Será este musicalizar poemas de autores españoles e hispanoamericanos una constante en su carrera, pasando por su voz y su guitarra autores como Alberti, Cernuda, León Felipe, Hernández, Celaya, Machado, Goytisolo o Blas de Otero. Tras la muerte del dictador en 1975 se levanta la censura sobre su música, pero seguirá residiendo en París hasta que a principios de los noventa regresa definitivamente a España.

Pau Riba
(España)

Si hablamos de contracultura en nuestro país, Pau Riba i Romeva sería uno de sus más claros exponentes. Nacido en el seno de una típica familia burguesa catalana, educado en un ambiente puritano, cristiano, culto y catalanista, su trayectoria artística tiró por todo lo contrario, convirtiéndose en uno de los músicos más iconoclastas y transgresores del siglo XX. Rechazado en Els Setze Jutges por estar más cerca de Dylan que de sus admirados franchutes, recalará en el Grup de Folk antes de iniciar una longeva trayectoria en solitario; iniciada en 1968 con el icónico single «Noia de Porce-llana» y reafirmada con el álbum *Dioptria / 2* (1970), sería la suya una carrera al margen de casi todo. Excéntrico y provocador, hippie reciclado en punk, pasó de vivir en una cueva en Formentera a casi despelotarse en el escena-rio del primer Canet Rock. Actor ocasional, músico inclasificable, en su eclecticismo nunca faltó, en mayor o menor medida, aquel folk rock con el que se dio a conocer en sus inicios.

Els Setze Jutges
(España)

A finales de los años cincuenta, en Cataluña, la idea de una canción contemporánea en lengua cata-lana empieza a coger forma. Se editan dos discos con adaptaciones al catalán de éxitos internacionales y en 1959 Lluís Serrahima pu-blica en la revista Germinàbit el artículo *Ens calen cançons d'ara* (Necesitamos canciones de ahora), un texto considerado fundacional. A partir de él, algunos intelectuales deciden crear un colectivo destinado a la promoción de una Nova Cançó (Nueva Canción) en cata-lán. Así nació en 1961, de la mano de Miquel Porter i Moix, Remei Margarit y Josep Maria Espinàs, Els Setze Jutges, nombre extraído de un popular trabalenguas. Aunque de espí-

ritu amateur en un principio (de hecho, ninguno de los tres fundadores era músico ni por asomo), algunos de los cantantes «aficionados» que poco a poco fueron integrando sus filas acabaron por profesionalizarse y, no pocos de ellos como Serrat, Llach, Pi de la Serra o Maria del Mar Bonet, alcanzar el éxito.

Silvio Rodríguez

(Cuba)

De la música cubana surgida de la Revolución, conocida como la Nueva Trova surgieron nombres como los de Pablo Milanés, Noel Nicola o Vicente Feliú; pero pese a ser ampliamente conocidos en el mundo del folk internacional, ninguno de ellos ha alcanzado el privilegiado estatus de Silvio Rodríguez. Cantautor, guitarrista y poeta, vivió su infancia en el periodo de transición entre Batista y la Revolución, causa esta última que abrazó desde sus inicios. Inició su carrera en 1967 como presentador del programa televisivo *Mientras Tanto*, y   más tarde entró a formar parte del Grupo de Experimentación Sonora, dirigido por Leo Brouwer, hasta finalmente consolidarse como solista. Con cinco décadas de trabajo musical a sus espaldas, con más de seiscientas canciones publicadas y con discos tan clásicos como aquella primera hornada compuesta por –*Días y Flores* (1975), *Mujeres* (1978), *Al Final de Este Viaje* (1978), *Rabo de Nube* (1980) o *Unicornio* (1982)– Silvio es sin lugar a dudas uno de los referentes de la canción folk de autor en habla hispana.

Víctor Jara

(Chile)

El impacto de la trágica muerte de Víctor Jara, detenido y asesinado en las purgas que siguieron al golpe de Estado de 11 de septiembre de 1973, ha dejado en segundo plano, en ocasiones, su legado cultural y musical. Tanto en su faceta de director teatral como en la de cantautor, Jara fue una figura esencial para entender el folk hispanoamericano del último tercio del siglo pasado. Miembro del conjunto folclórico Cuncumén desde 1957, al cabo de dos años ya dirigió su primera obra de teatro (*Parecido a la Felicidad*, de Alejandro Sieveking), una actividad que compaginaría con su carrera musical: en 1966 grabó su primer LP homónimo en solitario, seguido al año siguiente de *Canciones Folclóricas de América*, junto el grupo Quilapayún. En el Gobierno de Salvador Allende trabajó como embajador cultural, así como compositor para la Televisión Nacional; todo ello sin dejar de grabar, entregando discos como *El Derecho de Vivir en Paz* (1971 o *La Población* (1972) antes de ver su vida prematuramente truncada.

Vino Tinto

(España)

Originarios del altiplano murciano, Vino Tinto se presentaron en sociedad en un festival de músicas populares de la Universidad de Murcia. Corría noviembre de 1970, y la banda pasaría todo el año siguiente recorriendo la geografía española, fogueándose en directo, hasta que el éxito de su aparición en el concurso de TV *La Gran Ocasión*, interpretando el «Volver en Vino» de Horacio Guaraní, les consiguió un contrato con EMI-Odeón. El elepé de título homónimo, grabado durante el verano de 1972, compen-

dia su versatilidad, pasando del folclore sudamericano al norteamericano hasta aterrizar en el patrio. Tras el éxito del álbum y su constante participación en festivales y certámenes editarán *Mi Alma está en España* (1975) fichando acto seguido por Movieplay. Y será grabando su primer disco con este sello cuando ocurrió algo inesperado. En plena Transición, el gobierno de Suárez buscaba un tema que animara a votar en el referéndum que se preparaba, y lo encontraron en «Habla, Pueblo» uno de los temas que estaba preparando Vino Tinto. Poco después, no obstante, la banda se separaba.

Violeta Parra

(Chile)

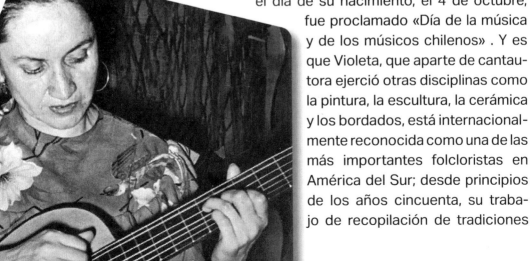

Tan grande es el nombre de Violeta Parra en Chile, que el día de su nacimiento, el 4 de octubre, fue proclamado «Día de la música y de los músicos chilenos» . Y es que Violeta, que aparte de cantautora ejerció otras disciplinas como la pintura, la escultura, la cerámica y los bordados, está internacionalmente reconocida como una de las más importantes folcloristas en América del Sur; desde principios de los años cincuenta, su trabajo de recopilación de tradiciones musicales tanto en Santiago como por todo el país es de una importancia capital. Y fue por ello que en su repertorio ganaron peso las canciones más tradicionales del mundo rural chileno en detrimento de boleros, valses y corridos. Esa labor quedó plasmada en más de tres mil canciones, reunidas en el libro *Cantos Folclóricos Chilenos* y sus primeros discos en solitario. Valorada entre artistas e intelectuales, pero sin nunca conseguir el reconocimiento masivo, este le llegaría póstumamente. Tiempo después de que una tarde de febrero de 1967, con tan solo cuarenta y nueve años, decidiera quitarse la vida.

Voces Amigas
(España)

Voces Amigas nacieron cuando Pablo Herrero acababa de dejar a Los Relámpagos y daba sus primeros pasos como productor. Tras recibir la cinta de un joven estudiante llamado Carlos Antonio Fernández Prida, piensa en un encargo del sello Zafiro que tiene en cartera. La idea es formar un grupo mixto que cante temas comerciales, basados en el folk pop, pero sin entrar en la protesta que tanto irrita a la censura. Dicho y hecho, Carlos recluta a tres estudiantes (Javier de Miguel, Isabel Roselló y Diana Linklater) y Voces Amigas debutan con un bombazo. El single «Canta Con Nosotros» se publica a finales de 1968 y parte la pana. Su segundo sencillo «Fin de Semana» tampoco se comporta mal en listas, pero a la banda se le hace difícil compaginar estudios, ensayos y actuaciones. En 1970 publicarán su único elepé, *Voces Amigas*, mezclando sus temas más conocidos con otros más nuevos, para disolverse al cabo de poco. Dejando tras de sí la imagen más amable y luminosa del folk español. Y sin duda, la menos comprometida.

Folk rock y neo folk en el nuevo milenio en España y Sudamérica

Se hace difícil hablar del folk rock en España. Un género, cuanto menos, controvertido. Mucho más fácil es hablar de folk, en general, aunque para ello ya tienen el capítulo anterior. Así que intentemos centrarnos y meternos en harina. Los finales del siglo pasado vinieron marcados básicamente por la ausencia del género. Ni más, ni menos. Es cierto que cinco nombres destacan, si entendemos el folk rock de manera amplia y heterogénea, entre todos los demás. Por un lado los vallisoletanos Celtas Cortos, fundados en 1984 y todavía en activo, consiguieron con su pop folk juvenil de tintes celtas (de ahí su nombre) hacerse un hueco en las ondas más comerciales y los bailes de todo el país, entre orquestas bananeras. Los Secretos, con su querencia por la música de los Eagles o Jackson Browne, aunque más cercanos al americana, también mantienen cierta bruma folk rock en sus canciones y sus producciones. Hevia, debutante en 1991, y un Carlos Núñez descubierto por los mismísimos Chieftains, y que publicaba su primer disco en 1996, hicieron que el país se moviera al ritmo de un instrumento tan poco agradecido como la gaita. Y, por último, en 1998, debutaba ese engendro a medio camino entre el folk metal y el heavy metal que son Mago de Oz y que cuentan con no pocos seguidores. Y mientras ¿qué pasaba en Sudamérica? Pues allí eran las bandas de indie folk las que tomaron el mando del género, sin perder de vista a los cantautores ya apuntados en el apartado anterior. Quizá influidos por la cercanía de Estados Unidos, donde el género aporta en los noventa algunos nombres ya citados en esta guía, su tendencia es mezclar los sonidos acústicos con el indie, sin dejar de lado su amplia tradición poética.

La llegada del nuevo milenio no va a cambiar la tendencia, aunque sí se observa que en España el género decae, mientras en Sudamérica se consolida tremendamente su faceta más indie. La llamada madre patria apenas sostiene el género con coletazos de artistas cercanos al mundo del cantautor, como Quique González en su disco *Kamikazes Enamorados* (2003) especialmente, Nacho Vegas y su proyecto Lucas 15, el inapelable e incorruptible folk tradicional de Xavier Baró, Antonio Vega con su propuesta cercana a Elliott Smith o Vic Chesnutt y del que Celtas Cortos versionarían «Lucha de Gigantes», Mikel Erentxun en alguno de sus temas más acústicos o una Christina Rosenvinge que también se acerca al género con cuentagotas, y siempre en su vertiente más yanqui. Intentemos pues sacar algo en claro, y vamos a apuntar algunos nombres entre todo este batiburrillo de influencias, en un mundo cada vez más global y donde, cada vez es más difícil establecer las diferenciaciones entre un género y otro.

Alberto Montero
(España)

Originario del Puerto de Sagunto, sus primeros pasos en la música los dará con el grupo Shake, con los que debutará discográficamente en 2005 con *Let Me Wear The Morning Sun*. Tres años después, sin título, lanza su primer disco en el que ya apuesta por el folk más soft, y por los sonidos psicodélicos característicos de la costa oeste de los Estados Unidos y, en especial, de Laurel Canyon. Orfebre de la canción, pronto se habla de su música como Weird Folk – término creado por el musicólogo David Keenan para hablar del renacimiento del folk en los 2000–, acentuará su propuesta tras la disolución de Shake. *Claroscuro* (2011) es su segundo disco en solitario, y primero íntegramente en castellano, donde además añade a su propuesta influencias sudamericanas. Eso le llevará a girar por Chile y Argentina en 2013, para volver a Barcelona y fichar por el sello Bcore donde publicará el magnífico *Puerto Príncipe* (2013) y luego *Arco Mediterráneo* (2015).

Da Pawn

(Ecuador)

Esta banda de seis miembros se crea cuando el cantante Mauricio Sama-
niego empieza a componer temas mientras está estudiando en Buenos
Aires (Argentina). Un año después, Da Pawn ya había tomado forma, primero con cinco miembros y después con los seis actuales. Su primer disco,
Verano en Coma, se publica en 2017, y muy pronto le siguen *El Peón*, EP
publicado en 2018, y *Pistola de Balín*, larga duración que aparece a finales del mismo año. Seis canciones donde beben de múltiples influencias,
desde el soul a la música brasileña, aunque siempre con el folk low–fi como
nexo de unión. Están considerados, y sobre eso hay poca discusión, una
de las bandas más inclasificables y a la vez influyentes de la música contemporánea actual en su país.

Delanada

(España)

Tras este proyecto grupal se encuentra la figura del catalán Javier Molina, auténtico amante del folk norteamericano. Con el intimismo como punto de partida, y siempre desde la independencia, Delanada ha ido construyendo su carrera como una hormiguita, a base de pequeños pasos, varias veces (hasta tres) convertidos en discos. En 2017, en una entrevista promocional tras el lanzamiento de su tercer disco, *Pasado el Diluvio*, gestado tras un infarto que sufrió el músico, y ante la pregunta que Kepa Arbizu le realizaba sobre la base de minimalismo folk que caracteriza su sonido, Delanada contestaba que «es cierto que con el anterior trabajo *Duelo al Alba*, hice un recorrido que me llevó a interesarme por las raíces europeas de la música norteamericana, incluso me acerqué al folklore andaluz. Pero de este nuevo disco se puede decir que trata un amplio abanico de géneros que van desde el blues hasta el bolero. He de decir que tengo una clara intención de huir de cualquier etiqueta que me encasille» .

Depedro

(España)

Otro proyecto con nombre grupal pero tras el que se encuentra la figura de un solo hombre, Jairo Zavala. Miembro de bandas como Vacazul o Tres Mil Hombres, Zavala vira en las canciones de Depedro hacia el folk arenoso marcado por las canciones de una de sus bandas favoritas, Calexico, de la que acabará formando parte temporalmente. De hecho, el grupo de Joey

Burns y John Convertino participarán en su primer trabajo, *Depedro* (2008), al que seguirán siete discos más, siendo el último de ellos *Antes De Que Anochezca* (2022). En su música casi todo tiene cabida, desde los sonidos fronterizos hasta el mestizaje, aunque es evidente que todo parte de una instrumentación acústica.

Joana Serrat

(España)

Nacida en Vic, cerca de Barcelona, Joana Serrat podría pasar por ser, junto a Los Hermanos Cubero, los dos nombres más importantes del folk rock español actualmente. A diferencia de estos, Serrat apuesta por un estilo de mucha influencia norteamericana que, además, le ha llevado a crear un sello, Dear Great Canyon, junto a David Giménez, para dar salida a proyectos similares (Marta Delmont, Roger Usart...). Su proyección internacional es constante, llegando a ser reseñada en revistas como Uncut o Mojo, o a que una canción suya fuera tema de la semana en la tienda inglesa Rough Trade. Emisoras de Inglaterra, Escocia o Australia se han hecho eco de sus discos, el último de los cuales es el espléndido *Hardcore from the Heart* (2021). Ha trabajado con músicos habituales de The Wooden Sky o Vic Chesnutt, y su canción «Came Out The Blue» formó parte de la banda sonora de la serie australiana *Winners & Losers*.

La M.O.D.A.

(España)

Tras ese acrónimo se esconde lo que probablemente sea lo peor de este grupo de Burgos, su nombre: La Maravillosa Orquesta del Alcohol. El origen de su música está en bandas como Dropkick Murphys, Flogging Molly, The Pogues o Frank Turner, aunque en sus discos más recientes han buscado sus raíces más en territorio español. Formados por su cantante y líder David Ruiz, tras pasar unos años en Dublín, empapándose del folk irlandés, su llegada al panorama musical español en 2013 con *¿Quién Nos Va A Salvar?* supuso un auténtico soplo de aire fresco. En 2012, la revista Mondosonoro escogió su segundo EP, *The Shape Of Folk To Come/No Easy Road*, como cuarto mejor disco de folk nacional del año. Su carrera vive un constante crecimiento y sus últimos discos ya han sido presentados en recintos tan grandes como el Wizink Center de Madrid, con capacidad para casi 20.000 personas. Su más reciente trabajo ahonda en la tradición de su tierra. Publicado en 2021, su título es *Nuevo Catálogo Burgalés*.

Las Liebres

(Argentina)

Formados como dúo entre Federico Delbon e Iñaki Zubieta, en la provincia de Corrientes, Las Liebres se caracterizan por mezclar el folk rock con bases electrónicas, emparentándose con bandas norteamericanas como War On Drugs, Grizzly Bear o Phosphorescent, de las que se confiesan devotos seguidores. Su primer disco se publica en 2011, con el título de *El Arroyo de Miel* y en él se observa cómo, además, conservan también la influencia de su compatriota Luis Alberto Spinetta. Su fama ha traspasado fronteras y están consideradas una de las grandes bandas del indie sudamericano.

Lidia Damunt
(España)

De origen murciano, si Lidia Damunt no hubiera nacido en España, sino en un país anglosajón y hubiera empezado a sacar discos a finales de los ochenta, lo suyo hubiera sido clasificado sin problemas de Anti Folk. Fundadora de la banda Hello Cuca junto a sus hermanas, se traslada a Madrid para apostar por su carrera musical, debutando en 2008 con *En La Isla De Las Bufandas*, un compendio de folk y blues con una mínima producción y entre las que se encuentra una versión del «Mansion On The Hill» de Hank Williams. Habitual de múltiples festivales, sus mayores referencias en la música han sido Janis Martin y Shirley Collins.

Los Hermanos Cubero

(España)

Pocos podían augurar al principio de su carrera que Los Hermanos Cubero iban a calar como lo han hecho en la música española. Fundados en 1998, ha sido el nuevo milenio el que ha puesto en el lugar que merecían al dúo integrado por los hermanos Enrique y Roberto Ruiz Cubero, oriundos de Guadalajara. En 2010 se llevaron el II Premio Europeo de Nueva Creación de Folclore «Agapito Marazuela» y eso supuso un espaldarazo definitivo a su carrera. Su música, basada en el folklore español huye de los clichés del folk americano a base de jotas, paloteos o ruedas...Sus desventuras se convirtieron en cine con la película *La Muerte de la Alcarria*, dirigida por Fernando pomares y en la que los músicos buscan sus orígenes en tierras alcarreñas. Hasta esta edición han publicado seis LPs, 2 EPs y un recopilatorio, ayudando a superar determinadas reticencias hacia el folklore castellano.

Lucas 15

(España)

Xel Pereda y el conocidísimo Nacho Vegas son las dos cabezas pensantes de *Lucas 15*. Vegas ha picoteado del folk rock y el americana a lo largo

de su carrera, versionando incluso en castellano a Townes Van Zandt. El objetivo del dúo era llevar al mundo del pop rock el cancionero tradicional asturiano. Fundados en 2006, en 2008 publican su primer disco, que irá apoyado por una amplia gira nacional, aprovechando el nombre de Nacho Vegas. La cosa no acaba de cuajar y la banda entra en barbecho, aunque intentan recuperarse, de la mano de Pereda en 2016, iniciando una campaña de crowdfunding para grabar su segundo trabajo. Tras no conseguir el dinero suficiente, devuelven lo recaudado a sus mecenas, dejando esta aventura en otro limbo poco definido.

Monsieur Periné
(Colombia)

Empezaron como tantos como grupo de versiones, y acabaron fusionando en sus temas propios el gypsy jazz, el swing y el folk. Su cantante, Catalina García, habla hasta cuatro idiomas: español, francés, inglés y portugués, cosa que les permite ir variando de manera continua el idioma empleado en sus letras. Cuando se les pregunta por su estilo no dudan en referenciar a Django reinhardt y su gypsy jazz, aunque también se consideran deudores de los cantautores folk. Su música, que ha tomado forma en tres discos como *Hecho A Mano* (2012), *Caja De Música* (2015) y *Encanto Tropical* (2018) ha llegado a lugares tan recónditos como Alemania y Japón, siendo especialmente un éxito en el país nipón.

Os Amigos Dos Músicos
(España)

La primera grabación de esta banda de Ourense es el single «Alalá Ao Sol», grabado en los estudios A Ponte de Santiago de Compostela y con 300 copias numeradas a mano. Era el año 2015. Justo un año después llega su larga duración de debut, titulado como la banda. En palabras de César Prieto en Efe Eme, «música de pequeño calado, luminosa y oxige-

nante, de esas horas de entre luz y noche en que todo conserva la primera ilusión» . Folk rock sin olvidarse del pop. Su segundo disco, *Segundo Fogar*, llegará en 2019, y también en Efe Eme, Xavier Valiño escribirá que «el disco es más sencillo y conciso en los arreglos, en temas más cortos y más acústicos, con presencia de ukeleles y mandolinas» , y citando también la influencia de Simon & Garfunkel.

Prehistöricos
(Chile)

Desde su nombre intentan vincularse con la tradición, con lo antiguo. Arrancan su carrera en 2010 con La Orquesta Oculta, y ya no paran. En 2013, Robert Smith los escoge para abrir el concierto de The Cure en el Estadio Nacional de Chile ante 60.000 personas, y giran por México y España. La revista online Indierocks los definió como «sonidos pegajosos, provenientes en gran parte del folk» , mientras ellos no dudan en definirse como pop folk chileno para todas las edades.

Vallarna
(España)

Un cántabro y tres castellanos. Esos son Vallarna. Arrancan su aventura tocando cada jueves en una cervecería de Valladolid, en la que demuestran su pasión por las dulzainas, las jotas y las rondas de Castilla. En 2007 deciden oficializarse como grupo y en 2009 llega su primer trabajo, *Km 90*,

que graban después de ganar el concurso Escenario Prau el año anterior. Tardarán ocho años en volver a grabar, aunque el resultado será una maravilla llamada *Pimentón Puro* en la que colabora Enrique Cubero de Los Hermanos Cubero. Su tercer disco, *Balas Y Fuego*, ve la luz en 2022 y los muestra como una banda totalmente consolidada, y muy a tener en cuenta.

We The Lion

(Perú)

A pesar de que podríamos haber citado a Uchpa, banda de hard rock que recurre a instrumentos tradicionales ayacuchanos (ellos son de Ayacucho, también en Perú) We The Lion se vanaglorian – con razón– de ser la única banda de indie folk puro de su país. Integrados por Alonso Briceño, Luis Buckley y Paul Schabauer son originarios de San Borja (Lima). Tras debutar con *Violet* (2017) en 2022 publican *Kismet*. Su gran éxito, hasta ahora, es la canción «Found Love» con más de nueve millones de reproducciones en Spotify. Quizá por ello consiguieron tocar en el prestigioso festival norteamericano *South By Southwest*, y estuvieron en el cartel de la edición chilena de Lollapalooza, festival que no pudo realizarse a causa de la pandemia en 2020.

Los 5 Festivales de Folk más importantes de la historia

Absolutismos al margen, y teniendo en cuenta que cada uno puede hacer su lista de «lo mejor» de cualquier cosa a su gusto, de lo que no hay duda es de que los Festivales, especialmente en los sesenta, fueron un mecanismo esencial para difundir la cultura folk. Algunos de ellos, incluso, han llegado hasta nuestros días. Otros, tras realizar una tarea imprescindible, fallecieron en el intento. De lo que tampoco se puede dudar es de que todo el que quería ser alguien en el mundo del folk, y posteriormente del folk rock tenía que pasar por los escenarios de Newport o del Big Sur. No fue algo exclusivo de Estados Unidos. En los setenta, por ejemplo, apareció en Dinamarca el Tonder Festival. Y tampoco algo exclusivo de un tiempo. No hay que olvidar que el Falcon Ridge Festival de Hillsdale, Nueva York celebra su primera edición en 1988, mientras que el Lowell Folk Festival en Seattle lo había hecho poco antes, en 1986. Nosotros hemos escogido cinco que, por un motivo u otro, nos han parecido esenciales e imprescindibles, pero hay más, muchos más. Además, hemos optado por festivales exclusivos de folk y folk rock, omitiendo otros tan conocidos como Woodstock o el Festival de la Isla de Wight que, a pesar de tener presencia de artistas del género, no eran en exclusiva del mismo. Vamos a por ellos.

Newport Folk Festival

Entre la aparición de «Mr. Tambourine Man», como apuntábamos anteriormente, y la conversión de Dylan a la electricidad, en el Festival de Newport se encuentra probablemente el momento clave del nacimiento del folk rock. El 25 de julio de 1965, Dylan fue abucheado al presentarse en el festival tradicional de música folk por excelencia acompañado de miembros de la banda de Paul Butterfield. Las malas lenguas aseguran que el mismísimo Pete Seeger intentó cortar los cables que daban energía a la banda de Dylan con un hacha, ante tamaña afrenta. Y es que el festival era un sinónimo de ortodoxia acústica, blues y folk. Fundado en 1959 por George Wein, colaboraron en su nacimiento Theodore Bikel, Oscar Brand, Pete Seeger y Albert Grossman. Artistas como Joan Báez, Bob Gibson o el mismo Dylan, que debutó en 1963 apadrinado por Báez fueron habituales del festival, pero también artistas no estrictamente de folk como Muddy Waters, Howlin'Wolf o Johnny Cash. Durante toda la década de los setenta fue un festival de auténtica referencia, y todo el que era alguien en el folk o el folk rock debía haber pisado su escenario. Era para el folk lo que el Grand Ole Opry para el country. Su impacto fue tal que Murray Lerner incluso dirigió en 1967 la película Festival, con imágenes de las ediciones celebradas entre 1963 y 1965. La cosa se vino abajo con el cambio de década. El folk más estricto ya no funcionaba, y el festival cerró sus puertas en 1971. Por sorpresa, en 1985, y con una propuesta más amplia de estilos vuelve a abrir. Seguía apostando por el folk, pero en su escenario también tenían cabida artistas como Emmylou Harris, Alejandro Escovedo, The Black Crowes o Jakob Dylan. En su cartel, la citada débil diferencia entre americana y folk rock se dio más que nunca. En 2009, por ejemplo, en el cartel de su 50 aniversario se encuentran artistas folk como Arlo Guthrie, Joan Báez o Ramblin'Jack Elliott, artistas de neo folk o folk rock como Fleet Foxes o The Decemberists, y artistas de americana como Neko Case o The Avett Brothers. Eso, quizá, es lo que ha permitido que siga celebrándose año tras año en su lugar habitual: Fort Adams State Park, en Newport, Rhode Island.

Berkeley Folk Music Festival

Evidentemente este festival se celebró en los terrenos de Berkeley, en plena California. Curiosamente, sus fechas de celebración son casi calcadas a la del Festival de Newport antes de su parón, y es que existió entre 1958 y 1970. De hecho, durante mucho tiempo, Barri Olivier, su fundador, se vanagloriaba del hecho de haber sido anterior – aunque fuera solo por un año – al Festival de Newport. Su gran diferencia respecto a este es que Berkeley mostró, desde el primer momento, un carácter mucho más aperturista y menos arcaico que su teórico competidor. Desde el primer momento abrieron sus puertas no solo a nombres esenciales del folk como Alan Lomax, Howlin'Wolf, Phil Ochs o Pete Seeger, sino también a músicos de blues como Big Mama Thornton y Mississippi John Hurt o incluso de rock como Jefferson Airplane o Big Brother And The Holding Company, con la mismísima Janis Joplin al frente. El festival californiano fue un ejemplo de aperturismo y de la multitud de géneros y artistas de diversos estilos que poblaban en esos momentos la zona de la Bahía. El Dr. Michael J. Kramer, profesor asistente de la Estatal de Nueva York en Brockport realizaría un intenso estudio del Festival, analizando un archivo con más de 30.000 documentos, de los cuales 10.000 eran fotografías. Sus conclusiones aseguraron que el «Festival de Berkeley también proporciona una perspectiva intrigante sobre cómo los estadounidenses de la Costa Oeste encontraron y abordaron la tradición en un lugar que estaba en el centro de una cultura cada vez más futurista e informatizada del complejo militar–industrial de la Guerra Fría. A diferencia de controversias infames como Bob Dylan volviéndose eléctrico en el Newport Folk Festival en 1965, el Festival de Berkeley desarrolló una comprensión mucho más flexible de la tradición y la modernidad, lo acústico y lo eléctrico, lo amateur y lo comercial. Se vinculó a la vez a un movimiento local distintivo de revivalistas populares y poseía su propia filosofía y atmósfera distintivas, establecidas en gran parte por el director Barry Olivier. Fue un evento íntimo y distintivo, pero también una parte clave de un mundo de renacimiento popular nacional» .

Cambridge Folk Festival

No se puede conocer el Festival de Folk de Cambridge sin entrar en las investigaciones de Ken Woollard y su libro de 1974 *Diez años de folk: Una historia del Cambridge Folk Festival*. En él asegura que tres concejales tuvieron la idea de montarlo, pero no cita sus nombres, curiosamente. Tendría que llegar el libro *Treinta Años del Cambridge Folk Festival* de Laing y Newman para que se hiciera pública la identidad de esas tres figuras claves: Paul Rayment, Philip Abrams y George Scurfield. De hecho, sería el primero el que más pondría de su parte, dado que el folk, y en especial la canción protesta, se alineaba bastante con su propia ideología de izquierdas. Fundado en 1965, se celebra cada año en el Cherry Hinton Hall de Cherry Hinton (Cambridge, Inglaterra). Su apuesta es el eclecticismo de su propuesta. En la primera edición, el cabeza de cartel fue Paul Simon, y tan solo se vendieron 1400 entradas. Durante sus cincuenta y seis años de existencia han pasado por sus tablas Van Morrison, Sinnead O'Connor, Wilko Johnson, Joe Strummer, Mumford & Sons o Laura Marling. Casi toda su historia se ha considerado un festival municipal, organizado por el ayuntamiento, pero en 2015 su organización pasó a manos de la organización benéfica Cambridge Live.

Calgary Folk Music Festival

Desde 1979 se celebra en Canadá este festival que pasa por ser el evento de folk más conocido del país de la hoja de arce. Siempre en el mes de julio, el Prince's Island Park,de Calgary (Alberta) acoge cuatro días y más de 100 conciertos distintos de artistas, de alguna manera, relacionados con la música folk. El Festival, además, incluye talleres, formaciones, actividades para los más pequeños y un largo sinfín de actividades que lo convierten en un evento no solo social, sino sobre todo familiar. Ya en este siglo se construyó el Festival Hall, un nuevo espacio para doscientos asistentes sentados que permite hacer eventos de poco aforo y más íntimos y, a la vez, sirve de oficinas del festival. Una de las grandes características de Calgary es que apuesta fervientemente por el artista nacional, siempre programando músicos nacidos en Canadá, sin olvidar nombres internacionales. Por otro lado, el eclecticismo también es su bandera, olvidando muy a menudo el folk de su nombre, aunque siempre incluyendo grandes estrellas del género. Así, en su última edición, celebrada en 2022, se combinaban canadienses como Allison Russell, The Barr Brothers o Basia Bulat, con Black Pumas, Courtney Barnett, The Wood Brothers o Squirrel Nut Zippers.

Big Sur Folk Festival

El más cortito de los que hemos escogido. Solo duró ocho ediciones, entre 1964 y 1971, pero su importancia fue capital. Su origen fue una reu-

nión informal de artistas, tanto conocidos como emergentes, que arranca cuando Nancy Jane Carlen, trabajadora del Instituto Esalen en California, contacta con Joan Báez, a la que conocía por haber trabajado en la Universidad de Boston, para que diera un taller de música. Única artista que actuaría en todas sus ediciones, decidió llamar a otros compañeros y compañeras músicos para ayudarla. Los beneficios, además, iban a parar al instituto para la no violencia, impulsado por la propia Joan Báez. Entre los participantes podemos encontrarnos con Joni Mitchell, Judy Collins, Crosby, Stills, Nash & Young, Arlo Guthrie o Taj Mahal. Todos los artistas cobraban únicamente 50 dólares, y el público pagaba entre 3.50 y 5.50 dólares. Todas las ediciones se celebraron frente a la piscina del Instituto de Esalen, en el Big Sur, excepto la penúltima que se realizó en el recinto ferial de Monterrey. En 1969 se rodó una película del festival, con artistas que solo cuatro semanas antes habían tocado en el célebre Festival de Woodstock. Y es que siempre se intentó vender el buenrollismo del Big Sur como contrapartida al capitalismo de otros festivales como el mismo Woodstock o, sobre todo, Newport. Uno de los grandes hitos de su corta existencia es que la actuación que realizaron allí por primera vez Richard y Mimi Fariña les llevó a conseguir su primer contrato discográfico.

ALL RIGHTS OF THE MANUFACTURER AND OF THE OWNER OF THE RECORDED WORK RESERVED UNAUTHORISED PUBLIC PERFORMANCE BROADCASTING AND COPYING OF THIS RECORD PROHIBITED

CBS

BOB DYLAN

EXTENDED PLAY

EP 6078
SIDE A

Blossom
Music Ltd.

Ⓟ 1966
45

Mr. TAMBOURINE MAN

MR. TAMBOURINE MAN
(B. Dylan)

MADE IN ENGLAND U.K.T.M. No BB18042

DISCOS IMPRESCINDIBLES

Bob Dylan

Bringing It All Back Home, 1965

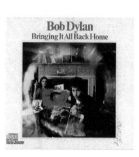

Adiós a la canción protesta, bienvenida la iconografía propia. Con una cara eléctrica y la otra acústica y grabado en apenas dos sesiones, el quinto álbum de Dylan es un punto de inflexión legendario, amén de un discazo memorable.

Bob Dylan

Highway 61 Revisited, 1965

Y apenas ocho meses después, la supernova. Todo lo que se diga de esta barbaridad, se queda corto. Rock, blues y folk en orgiástico, libidinoso contubernio. Nueve clásicos para la Historia.

Simon & Garfunkel

Parsley, Sage, Rosemary and Thyme, 1966

Pese a no contener ninguno de sus hit singles más reconocibles, el tercer disco de la pareja sigue considerándose como su obra cumbre. Fue disco de oro y alcanzó el cuarto puesto en las listas en los Estados Unidos.

Donovan
Sunshine Superman, 1966

Con el tema «Season of The Witch» como estandarte, Donovan daba con este disco un paso de gigante al abandonar el desnudo sonido acústico de sus inicios en favor de un psych folk que crearía escuela. Tanto para los demás como para él mismo.

Buffalo Springfield
Buffalo Springfield Again, 1967

Un perfecto ejemplo de cómo la falta de cohesión en una banda no siempre revierte en algo negativo. Podrían ir ya cada uno por su lado (especialmente Neil Young), pero igualmente parieron una joya.

Tim Buckley
Goodbye and Hello, 1967

Épico, barroco, frenético, exaltado, melancólico... la lista de adjetivos para el segundo trabajo de Tim Buckley -tras un debut ya de mucho nivel- sería interminable. ¿Su obra maestra? Posiblemente.

Moby Grape
Moby Grape, 1967

Cinco compositores, cinco voces y un irrepetible estado de gracia. La fórmula mágica para, en tu debut, establecer un prehistórico nexo de unión entre el folk, la psicodelia y el country rock.

Pentangle
Basket of Light, 1968

Uno de los cinco mejores discos del folk rock británico de los sesenta, sin discusión . En apenas cuarenta minutos, Bert Jansch, John Renbourn y compañía nos regalan nueve canciones en las que no sobra ni falta nada.

The Byrds
The Notorious Byrd Brothers, 1968

Con la ayuda del mítico Gary Usher tras los controles, los Byrds lograron con su quinto trabajo esa perfección absoluta que llevaban buscando desde su debut. Folk progresivo y experimental en su máxima acepción.

Tom Rush
The Circle Game, 1968

¿Un disco conceptual de folk rock? Helo aquí. Con los ciclos de una relación como hilo conductor, Rush versiona magistralmente a Joni Mitchell, James Taylor y Jackson Browne a la vez que ofrece un «No Regrets» propio, revisitado por muchos otros a su vez.

The Incredible String Band
The Hangman's Beautiful Daughter, 1968

Un trabajo tan complejo y experimental como atrevido y vanguardista. Una de las piedras angulares donde descansa ese oblongo, retorcido y fascinante género que atiende por folk psicodélico,

Fairport Convention
Liege & Lief, 1969

La Biblia para los cristianos, el Corán para los musulmanes o El Señor de los Anillos para los raritos. Eso es *Liege & Lief* para el fan del folk rock. Las Sagradas Escrituras. Punto pelota.

Bert Jansch
Birthday Blues, 1969

Por aquel entonces miembro de Pentangle, Jansch tomó prestados a Danny Thompson y Terry Cox (la sección rítmica de la banda) y entregó con este, su sexto trabajo para el sello Transatlantic, el que posiblemente sea su mejor disco en solitario.

The Dubliners
Live At The Albert Hall London, 1969

Aun con grandes trabajos en estudio, Ronnie Drew y los demás siempre dieron lo mejor de sí mismos sobre las tablas. Y uno de los directos más brillantes de su discografía es esta pequeña maravilla, que debería venderse con una pinta de Guinness adjunta.

Nick Drake
Bryter Later, 1970

Los tres trabajos de Drake en vida son simplemente imprescindibles, pero su segundo esfuerzo puede que sea el más inspirado. «Hazey Jane II», «At the Chime of a City Clock», «One of These Things First» o «Northern Sky» deberían enseñarse en las escuelas.

Vashti Bunyan
Just Another Diamond Day, 1970

En uno de los más flagrantes casos de miopía colectiva en la historia de la música, tuvieron que
pasar treinta años nada menos para que esta delicada pieza de orfebrería fuera descubierta y apre-
ciada en su justa medida.

Fotheringay
Fotheringay, 1970

Único disco de la banda que Sandy Denny armó
justo tras dejar Fairport Convention y antes de volar por libre. Un bello, magnífico ejemplar de folk
rock que pasó injustamente desapercibido en su
época.

Strawbs
Dragonfly, 1970

Articulado alrededor de la épica suite «The Vision
of the Lady of the Lake», el segundo álbum de
Strawbs les muestra todavía inmersos en el folk
rock de sus inicios, con colaboraciones de Rick
Wakeman y Tony Visconti.

McGuinness Flint
McGuinness Flint, 1970

Entrando en el Top 10 de álbumes en el Reino
Unido y un par de singles en el Top 5, el magnífico debut homónimo de McGuinness Flint parecía
augurarles una brillante y longeva carrera, aunque
finalmente todo se torciera demasiado pronto.

Donovan
Open Road, 1970

Por primera vez al frente y a la vez miembro de una banda como tal, Donovan entregaría con *Open Road* un incontestable manifesto político y social, llevando la canción protesta a nuevas cotas de expresión.

Matthews' Southern Comfort
Second Spring, 1970

Baja voluntaria en Fairport Convention, necesitado de expresar sus influencias americanas, Ian Matthews consiguió con Southern Comfort aunar el folk isleño con el country rock de las praderas. Y en este, su segundo trabajo, mejor que nunca.

Grateful Dead
American Beauty, 1970

No son los Dead el primer nombre que le viene a uno a la cabeza cuando hablamos de folk rock, desde luego. Pero que los míticos fumetas de Frisco grabaron algunas de las mejores canciones del género es indudable. Y que *American Beauty* es su do de pecho en ese sentido, también.

Lindisfarne
Fog on the Tyne, 1971

Con el single «Meet Me on the Corner» llegando al 5 en listas y el tema que titula el disco convertido en enseña de la banda a partir de entonces, este título no puede faltar en colección alguna.

Dando Shaft
Dando Shaft, 1971

Con la entrada de la cantante Polly Bolton, Dando Shaft dieron un sensible salto cualitativo respecto a su debut el año anterior. Añadiendo su prístina voz a la pericia instrumental del resto de la banda, la cosa solo podía salir bien. Y salió muy bien.

Trees
On the Shore, 1971

«Señor, perdone señor, ¿qué es el folk rock?» Cuando los niños de hoy día nos paran por la calle para hacernos esta pregunta, nuestra respuesta es invariablemente la misma: «escucha *On The Shore* de Trees, galopín. Eso es el folk rock» .

Spirogyra
St. Radiguns, 1971

Aunque suele reconocerse *Bells, Boots and Shambles* (1973) -su tercer y último trabajo- como la cima de su carrera, es en su estreno donde encontramos las claves de su particular concepto del folk, el prog y la psicodelia

John Martyn
Bless the Weather, 1971

En 1999, la revista Q incluyó *Bless the Weather* como uno de los doce discos de folk esenciales de todos los tiempos. Puede que se vinieran un poco arriba, pero nosotros -mucho más sobrios y rigurosos- decimos que en una lista de cincuenta, sí entra. Y de veinticinco, según nos pille el día.

Comus
First Utterance, 1971

Resulta difícil enfrentarse a una obra como esta si no has sido criado en lo más profundo del bosque, en el seno de una familia de creencias paganas. Pero si tus padres, para que durmieras, te contaban cuentos de violación, necrofilia y terapia electroconvulsiva, este es tu disco.

Shirley Collins and The Albion Country Band
No Roses, 1971

Un auténtico álbum cooperativo este. Nada menos que veintisiete músicos acreditados (la mayoría de paso por el estudio, invitados a participar espontáneamente) en la exitosa tarea de reinventar nueve temas tradicionales de folk.

Roy Harper
Stormcock, 1971

Progresivo, épico y barroco, el concepto del folk desarrollado por Harper en este trabajo es la culminación de todas sus virtudes. Inspirado por un viaje y estancia en el Big Sur californiano, nuestro excéntrico favorito lo bordó aquí.

Neil Young
Harvest, 1972

No tiene disco malo (ni siquiera mediocre) en los setenta el tito Neil. Pero si hemos de escoger uno que resuma su maestría en lo tocante al folk rock, ese sin duda es *Harvest*. Astros alineados y todo eso…

Mellow Candle
Swaddling Songs, 1972

En ocasiones, una banda experimenta un fugaz pero explosivo momento de inspiración antes de implosionar. El único álbum de Mellow Candle es uno de esos momentos. Una de las muestras más delicadas del folk rock británico de los setenta.

Steeleye Span
Parcel Of Rogues, 1973

Para ser honestos, en esta lista cabrían sin problemas dos o tres discos más de los londinenses. Hemos escogido este por sus particularidades (surgió de un proyecto teatral basado en *Kidnapped* de Robert Louis Stevenson) y por ser su álbum más exitoso hasta aquel momento.

Loudest Whisper
The Children of Lir, 1974

Habrán oído hablar de más de una ópera rock, seguro. De una ópera folk, no estamos tan seguros. Pero eso es básicamente *The Children of Lir*, uno de los mejores discos que podrán escuchar nunca. Busquen reediciones, eso sí, porque la grabación original en elepé es prácticamente inencontrable.

Richard & Linda Thompson
I Want To See The Bright Lights Tonight, 1974

Otro excelso trabajo obtusa y vergonzosamente ignorado por crítica y público en su momento; con los años, eso sí, el debut del señor y la señora Thompson acabó por ser reconocido como uno de los mejores momentos de ambos artistas.

Albion Country Band
Battle of the Field, 1976

Ashley Hutchings, Roger Swallow, Simon Nicol, Martin Carthy, John Kirkpatrick y por encima de todo ello el oboe de Sue Harris como toque distintivo. Una alineación imbatible que solo podía perpetrar una maravilla como esta.

The John Renbourn Group
A Maid in Bedlam, 1977

Siempre con el folk como chasis de expresión, el maestro quiso aquí incluir ciertos ritmos y escalas de la música clásica india, dando pie a unas originales y sorprendentes texturas. Un clásico por derecho propio.

The Chieftains
Live! 1977

Grabado en sendos shows en Boston y Toronto, este directo es una de las mejores vías de entrada -si no la mejor- a la maestría musical de Paddy Moloney y sus muchachos. Folk irlandés interpretado con tanto sentimiento como virtuosismo.

Tracy Chapman
Tracy Chapman, 1988

Su actuación en el concierto homenaje a Nelson Mandela, y un single tan fresco e inmediato como «Fast Car» hicieron de Tracy Chapman uno de los nombres propios del folk a finales de los ochenta.

The Waterboys
Fisherman's Blues, 1988

Con nueva formación en el grupo (la llamada Raggle Taggle Band), Mike Scott se encerrará en Spiddal House, en Irlanda, para unas extensas sesiones. Del ingente material producido nacería una de sus obras más inspiradas y recordadas.

The Pogues
If I Should Fall From Grace With God, 1988

La culminación de un estilo que nació con ellos. Baladas de estilo tradicional, valses ebrios y furiosas cabalgadas a ritmo de punk. Tradición y modernidad dando forma a un nuevo género empapado en malta y cebada. Irrepetibles.

Cowboy Junkies
The Trinity Session, 1988

Diciendo llamarse The Timmins Family Singers y aduciendo que iban a grabar un especial navideño para la radio, se la colaron bien a los responsables de la Church of the Holy Trinity de Toronto. Vistos los resultados, valió la pena el embuste.

Death in June
But, What Ends When the Symbols Shatter? 1992

Oscuro, místico, casi ominoso tanto en los temas propios como en las cuatro versiones/reinterpretaciones del tarado de Jim Jones y su People's Temple Choir, el neofolk de Death in June encontró en este álbum la que quizás sea su mejor expresión..

Midwinter
The Waters of Sweet Sorrow, 1993

Cintas descubiertas en el altillo, a ver esto qué es… ¡ah sí, aquello que grabamos hace veinte años! Demos gracias a la providencia de que esta maravilla perdida en el tiempo fuera rescatada y editada. Disco de culto absoluto.

Anne Briggs
Sing a Song for You, 1997

Grabado originalmente en 1973, este disco quedó inédito más de dos décadas porque, según dicen, Briggs no quedó satisfecha con el resultado. Ella sabría por qué; a nosotros nos parece un trabajo sobresaliente, la única vez además que la cantautora grabó con una banda como tal.

Billy Bragg & Wilco
Mermaid Avenue, 1998

El primero de varios proyectos similares organizados por la hija de Woody Guthrie, Nora. Letras inéditas de su padre, musicadas y grabadas en un magnífico ejercicio de folk rock contemporáneo. Vería una continuación (igual de recomendable) dos años después.

Bright Eyes
There Is No Beginning to the Story, 2002

¿Un EP colándose en esta lista? Bueno, lo bueno si breve, ya saben. Además Conor Oberst, prolífico como él solo, es bastante asiduo del formato. Y en este su tercer esfuerzo en ese sentido, consiguió agrupar seis canciones absolutamente memorables.

Midlake
The Courage of Others, 2010

Un indisimulado homenaje –casi una carta de amor– al folk británico de los setenta y a bandas como Pentangle y Fairport Convention, urdido y entregado desde Texas. El ejemplo más palmario de la influencia todavía viva de un género.

The Decemberists
The King is Dead, 2011

Puro indie folk, el sexto disco de The Decemberists fue un exitoso intento de alejarse de las influencias del revival del folk británico, más que patentes en los trabajos inmediatamente anteriores, para conectar con las raíces de la música tradicional americana.

King Creosote
From Scotland with Love, 2014

Banda sonora para un documental homónimo, estas once canciones plagadas de acordeones, guitarras y violonchelos glosan el orgullo escocés a través de pequeñas historias de amor y de guerra, de trabajo, migración y cotidianidad.

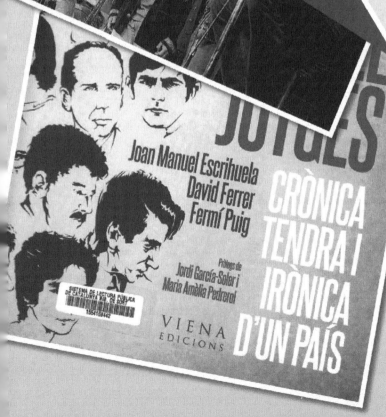

DAVID BROWNE

Author of Fire and Rain

CROSBY, ST...
NASH YOU...

The WILD, DEFINITIVE SA...
ROCK'S GREATEST SUPER...

THE BYRDS

1964-1967

PREMIO MANUEL ALVAR DE ESTUDIOS HUMANÍS...

JESÚS ALBARRÁN L...

A BOY WA...
Bob
y el Folk R...

JUTGES

Joan Manuel Escrihuela
David Ferrer
Fermí Puig

Pròleg de
Jordi García-Soler i
Maria Amèlia Pedrerol

CRÒNICA
TENDRA I
IRÒNICA
D'UN PAÍS

SISTEMA DE LECTURA PÚBLICA
DE CATALUNYA NE. DE SOR...
1554159442

VIENA
EDICIONS

LIBROS IMPRESCINDIBLES

Ningún libro agota por completo el tema o los temas sobre los que versa. Y este que tienen entre las manos, no es ninguna excepción. Entendiéndolo así, los autores hemos querido incluir una serie de lecturas recomendadas para todos aquellos que quieran profundizar en el género. Muchos de ellos son títulos de referencia, ensayos y estudios sobre el lienzo completo o sobre escenas concretas del mismo. Otros son biografías de músicos clave en el estilo (escogidas, pues solo con la bibliografía de Dylan, por ejemplo, podríamos escribir un libro entero), válidas tanto para entender su carrera como para contextualizarla en el ámbito que nos interesa. Esperamos por tanto que algunos de ellos acaben, al igual que el nuestro, en sus selectas estanterías.

Albarrán, Jesús

A Boy Walking: Bob Dylan y el folk revival de los sesenta
(Fundación José Manuel Lara, 2020)

Browne, David

Crosby, Stills, Nash and Young: The Wild, Definitive Saga of Rock's Greatest Supergroup
(Hachette Go, 2020)

Burgan, Jerry / Rifkin, Alan

Wounds to Bind: A Memoir of the Folk–Rock Revolution
(Rowman & Littlefield Publishers, 2015)

Burns, Rob

Transforming Folk: Innovation and Tradition in English Folk–Rock Music
(Manchester University Press, 2012)

Cohen, Ronald

Selling Folk Music: An Illustrated History
(Univeristy of Mississippi, 2021)

Delmas, Yves/Gancel/Charles

Protest Song: La canción protesta en los Estados Unidos de los años sesenta
(Editorial Milenio, 2014)

Drake, Gabrielle

Nick Drake, remembered for a while
(John Murray Editions, 2014)

Dylan, Bob

Crónicas I (Memorias)
(Global Rhythm Press, 2014)

Escrihuela, Joan Manuel

Els Setze Jutges
(Viena Editorial, 2012)

Feito, Alvaro

Joan Báez
(Ediciones Júcar, 1976)

Fernández Ferrer, Antonio

La canción folk norteamericana: Cantautores y textos
(Lenoir, 2007)

Gardner, Abigail

'Rock On': Women, Ageing and Popular Music (Ashgate Popular and Folk Music Series)
(Routhledge, 2012)

Govan, Chloe

The Incredible Rise of Mumford & Sons
(Omnibus, 2013)

Guthrie, Woody

Rumbo a la gloria
(Global Rhythm Press, 2009)

Hajdu, David

   Positively 4th Street: The Lives and Times of Joan Baez, Bob Dylan, Mimi Baez Fariña, and Richard Fariña
   (Farrar, Strauss & Giroux, 2011)

Hoskyns, Barney

   Hotel California. Cantautores y vaqueros cocainómanos en Laurel Canyon
   (Contra, 2021)

Jové, Carlos

   Joe Hill, sindicalismo con banda Sonora
   (El viejo topo, 2006)

Leech , Jeanette

   Seasons They Change: The Story Of Acid And Psychedelic Folk
   (Jawbone Press, 2010)

Licht, Alan / Oldham, Will

   Bonnie Prince Billy por Will Oldham
   (Contraediciones, 2012)

Ordovás, Jesús

   Rock ácido de California
   (Ediciones Júcar, 1975)

Peroné, James

   The Words and Music of James Taylor
   (Praeger, 2017)

Soler, Guillermo

   The Byrds. Pájaros de doce cuerdas: Historia y saga
   (Editorial Milenio, 2007)

Sweers, Britta

   Electric Folk: The Changing Face of English Traditional Music
   (Oxford University Press, 2005)

Thompson, Malachi
Beeswing: Fairport, Folk Rock and Finding My Voice, 1967–75
(Faber & Faber, 2021)

Thompson, Richard
Beeswing: Fairport, Folk Rock and Finding My Voice, 1967–1975
(Faber & Faber, 2021)

Unterberger, Richie
Jingle Jangle Morning: Folk–Rock in the 1960s
(Richie Unterberger, 2014)

Unterberger, Richie
Turn! Turn! Turn! – The '60s Folk–Rock Revolution
(Miller Freeman Books, 2002)

Unterberg, Richie
Eight miles high
(Backbeat Books, 2003)

Van Ronk, Dave
The Mayor of MacDougal Street: A Memoir
(Blackstone Pub, 2012)

Varios Autores
The Electric Muse Revisited: The Story of Folk into Rock and Beyond
(Omnibus Press, 2021)

Folk Rock en imágenes

vPelículas, conciertos, documentales. El folk rock, como cualquier otra expresión artística, tiene su cuota audiovisual cubierta con creces. Para aquellos lectores con espíritu inquieto y estudioso, hemos querido seleccionar algunas de ellas. Sin entrar en detalles pues creemos que los títulos de las mismas son lo suficientemente explicativos.

Bob Dylan: Roads Rapidly Changing
In & Out of the Folk Revival 1961 – 1965

Sandy Denny: Folk Music's Unsung Pioneer

When Folk Music Speaks: Ben Hunter at TEDxRainier

Rock Folk Music Legends of Laurel Canyon

The History Of American Folk Music

American Roots Music

Exploring English Folk Music

Richard Thompson with J Mascis

An Intimate Look at the Early Years of British Folk Music

Backwards To Go Forwards

The Future of Irish Traditional Music

Fairport Convention - Forever Young, Cropredy 1982

Folk Britannia- Folk Roots & New Routes Pts 1 - 5

Ken Russell - In Search Of The English Folk Song

The Great Hunger:The Life & Songs Of Shane MacGowan

La Nova Cançó - Francesc Bellmunt

A Boy Called Donovan

What Doesn't Kill Me - Vic Chesnutt Documentary

Legends: The Chieftains - BBC Four Documentary

LISTA SPOTIFY

Para finalizar, queremos compartir el enlace de una playlist que hemos creado en Spotify con las canciones fundamentales que aparecen en este libro y algunas más. También puedes escanear el código que hay más abajo.

https://open.spotify.com/playlist/7vgGEuHZIMv5RaDZbPuerd?si=PC6 pu07XS9e3cEomNc3Erg&utm_source=whatsapp

En la misma colección:

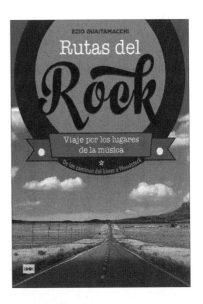

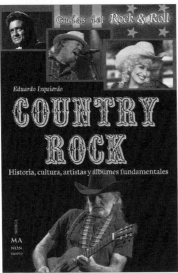

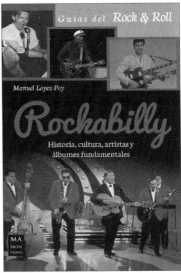

Descubre a través de este código QR
todos los libros de Ma Non Troppo - Música